■社会科の基礎・基本学力をつける

# 調べる力・考える力を鍛えるワーク

有田和正　著

（イラスト）飯島英明

明治図書

# 本書の使い方

## 1　本書の目的

### ⑴　イラストを「見る力」をつける

　資料を読みとる力をつけるには，資料を見る力をつけなければならない。まず，資料（イラスト）を提示して，教師が適切な問いをしながら読みとらせていく方法が有効である。子どもが，教師の問いに答えていくうちに資料（イラスト）を「見る力」，「読みとる力」をつけられるようにしている。

### ⑵　「はてな？」発見の力をつける

　資料を見て，自分で「はてな？」，つまり問題をつくってみる。また，問題に答えているうちに，こんな「はてな？」をつくればいいな，こんな「はてな？」が読みとれるのだなと，「はてな？」発見の力がつく。これが見る力になっていく。これを他のものに応用していく。この応用力が基礎基本である。

### ⑶　自学学習できる

　資料（イラスト）があり，多くの問題が出ているので，これを，教科書，資料集，参考書などを使って解いていかせる。自分で調べ考えるので「調べ・考える」くせがついていき，しだいに，調べることや考えることがおもしろくなる。つまり，自らの力で学べるよう

になる。

## 2　本書の使い方

### ⑴　作業しながら学習を進める

　どの問題にも，「着色作業」などの作業を入れている。

　これは，細かなところをよく見るようにするためである。「よく見なさい」といっても子どもは見ない。作業を入れると自然に細かいところまで見ることになる。

　作業をしているうちに「はてな？」が生まれたり，解答がみつかったりする。だから，手ぬきをしないことである。

### ⑵　問いを順序よく解いていく

　問いを順に解決していくうちに，イラストを見る目ができ，「はてな？」の意味がわかってくる。そして，こんな「はてな？」がつくれるのだな（つまり，見る目ができる）というようになる。

### ⑶　できるだけくわしく調べる

　「はてな？」を，参考書などをつかって，できるだけくわしく調べ考えていく。これで「調べる力」がつくし，「考える力」もつく。この調べる時にいちばん力がつくことに着目してほしい。

　調べた後に解説を読むようにしてほしい。すぐ解説を読むようで

は力がつかない。「基礎用語」に着目し，この用語を身につけるようにする。

(4) 典型的な内容を問いの形で入れている

　例えば，「大昔のくらしから何が見えるか」の場合，この絵一枚で縄文時代の人々のくらしがほとんどクローズアップできるように，内容をつめこんでいる。

　だから，25の歴史ネタを学習すれば，大昔から昭和の時代まで，およその内容がつかめるようになっている。

　それで，ていねいに問いを解いていくようにする。

(5) 教師が問いかけながら考えさせる

　学校で一斉に学習させるときは，イラストをコピーして配布し，子どもに「問題をつくらせる」方法や，教師が「発問」をして答えさせる方法がある。後者の場合，主な問いを選んで行うことになる。

　そうすることによって，どんな「発問」が子どもを動かすことができるものかつかめるし，教師の「発問づくり」の例にもなる。

　問題を配布し，調べさせ考えさせた後，解説部分を配布する方法もある。多様な使い方を工夫してほしい。

| 社会科の基礎・基本学力をつける | **調べる力・考える力を鍛えるワーク** |

本書の使い方

1．三内丸山から何が見えるか

問題　6

イラスト　7

解説　8

2．大昔のくらしから何が見えるか

問題　10

イラスト　11

解説　12

3．米づくりが始まったことから何が見えるか

問題　14

イラスト　15

解説　16

4．吉野ケ里遺跡から何が見えるか

問題　18

イラスト　19

解説　20

5．卑弥呼から何が見えるか

問題　22

イラスト　23

解説　24

6．大山古墳から何が見えるか

問題　26

イラスト　27

解説　28

7．奈良の大仏から何が見えるか

問題　32

イラスト　33

解説　34

8．正倉院から何が見えるか

問題　36

イラスト　37

解説　38

9．十二単衣から何が見えるか

問題　40

イラスト　41

解説　42

10．御家人の屋敷から何が見えるか

問題　46

イラスト　47

解説　48

11．元寇から何が見えるか

問題　50

イラスト　51

解説　52

12．金閣・銀閣から何が見えるか

問題　54

イラスト　55

解説　56

13．長篠の戦（戦国時代）から何が見えるか

問題　58

イラスト　60

解説　61

14．検地から何が見えるか

問題　66

　　　　　イラスト　67
　　　　　解説　68

15. 大名行列（江戸時代）から何が見えるか
　　　　　問題　70
　　　　　イラスト　71
　　　　　解説　72

16. 江戸の町から何が見えるか
　　　　　問題　76
　　　　　イラスト　77
　　　　　解説　78

17. 出島から何が見えるか
　　　　　問題　80
　　　　　イラスト　81
　　　　　解説　82

18. 黒船来航から何が見えるか
　　　　　問題　84
　　　　　イラスト　85
　　　　　解説　86

19. 新橋～横浜間の鉄道敷設から何が見えるか
　　　　　問題　90
　　　　　イラスト　91
　　　　　解説　92

20. 明治維新から何が見えるか
　　　　　問題　94
　　　　　イラスト　95
　　　　　解説　96

21. 自由民権運動（明治時代）から何が見えるか
　　　　　問題　98
　　　　　イラスト　99
　　　　　解説　100

22. 日清・日露戦争（明治時代）から何が見えるか
　　　　　問題　102
　　　　　イラスト　103
　　　　　解説　104

23. 第2次世界大戦から何が見えるか
　　　　　問題　106
　　　　　イラスト　107
　　　　　解説　108

24. 駅弁包装紙から何が見えるか
　　　　　問題　110
　　　　　イラスト　111
　　　　　解説　112

25. 戦後のくらしから何が見えるか
　　　　　問題　114
　　　　　イラスト　115
　　　　　解説　116

〈付録〉────────────
1. 都道府県名を調べよう　120
2. 県の形を調べよう　121

## ① 問題　三内丸山から何が見えるか

Q₁　この絵は，今からおよそ何年くらい前の想像図でしょう。

Q₂　ここの人々は，移住生活をしていたでしょうか。それとも定住生活をしていたでしょうか。

Q₃　今までにない発見がいくつもありました。以前の絵と比べて，発見したことをあげなさい。

Q₄　4階の建物，巨大な建物，盛土などは，何に使ったのでしょう。

Q₅　世界で一番早くスープを飲んだのは，次のどこの国の人でしょう。

　　　①　ヨーロッパ　　②　中国　　③　日本

Q₆　三内丸山遺跡の集落の広さは，何ヘクタールくらいあったでしょう。（大きい運動場が1ヘクタールくらいです）

Q₇　ここの人々は，食料をどのようにして入手したでしょう。

Q₈　異なる型の家があるのは，どうしてでしょう。

Q₉　海のある方は，東西南北のどれでしょう。

Q₁₀　この時代の人々の身長は，今より大きいでしょうか。小さいでしょうか。

Q₁₁　三内丸山遺跡からは，他の遺跡に比べものにならないほど多くの土器が出土しています。それは遺跡のどこから発見されたでしょう。

Q₁₂　三内丸山遺跡から，当時の交流・交易はどのくらいの範囲で，どんな「もの」を交易していたでしょう。

大きな柱の跡（直径1mもある栗の木）

三内丸山遺跡
高いやぐらや巨大な建物がみえる

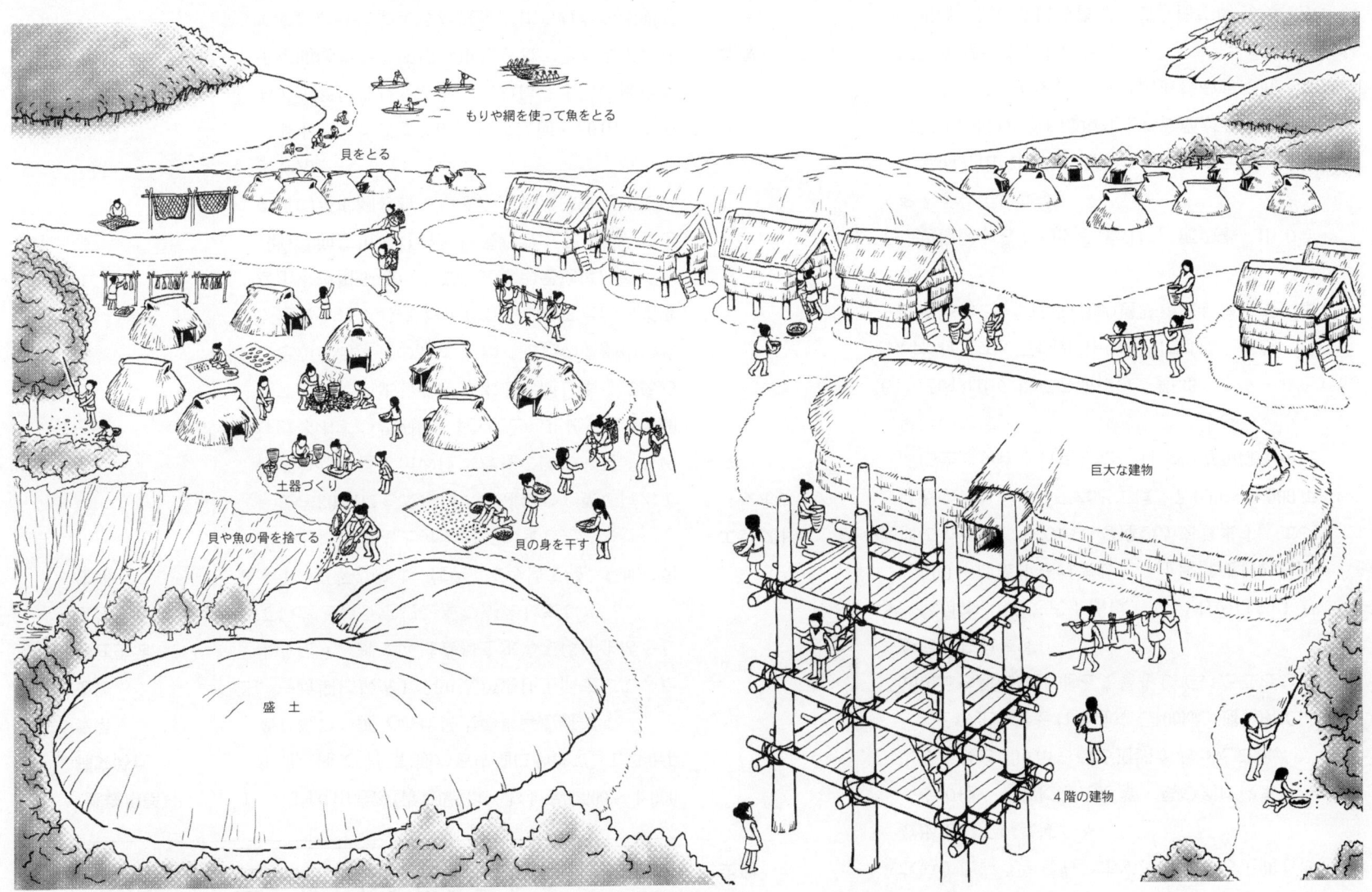

| | |
|---|---|
| **解説** | 三内丸山から見えるもの |

〈基礎用語〉

縄文時代

集落

遺跡

移住生活

定住生活

住居

1. 三内丸山遺跡（青森県）は，およそ5,500～4,000年前，縄文時代前期から中期にかけて，1,500年余り続いた縄文時代最大の集落遺跡です。

2. 一時期に最大1,500人が定住生活をしていたようです。縄文人は食料を求めて移住生活をしていたという定説をくつがえしました。

3～4. 集落の中は，住居，ごみ捨て場，墓地，倉庫などにきちんと分かれていました。

　　　長さ30mにも及ぶ巨大な建物や，栗の巨木で作られた直径1mの巨大な柱の跡の発見。この柱は3本ずつ2列に，縦・横とも正確に4.2m間隔で並んでいました。6本とも同じ太さであることから高床式の高さ10mくらいの高層の建物が建てられていたようです。このことから高度な土木技術があったこと。この建物は，やぐら（櫓），漁業用の灯台，見張り台，祭り用，などの目的が推測されているが，結論はまだ出ていません。

　　　盛土という高さ3m，長さは何と80mもあるものが発見されたこと。これは，土器の破片が千年間にわたって積み重ねられてきた人工の丘です。なぜこのような盛土が作られたか不明で

土器

土偶

エジプト

メソポタミア

貝塚

すが，この集落が土器の生産基地だったのではないかという学者もいます。盛土から土偶も多数出土しています。

　　その他，2列に並んだ墓，墓の列に挟まれるように長さ300mもある道路があったこと。

　　よその土地，それも近くて100km，遠い所では500kmも離れた土地と交易をしていたことなどがあげられます。

5. ③日本。縄文式土器は，早いものは約1万2,000年前に作られました。土器は使われた時期によって，いろいろな違いがあります。エジプトやメソポタミアなどでは，7,000～8,000年前に土器が作られました。日本の方がはるかに早いのです。

6. 三内丸山の集落の面積は，約35ヘクタールといわれます。三内丸山の周辺には熊沢遺跡，近野遺跡など，同じ時代の遺跡が取りまいています。

7. 想像図からもわかるように，海の幸，山の幸を入手しています。

　　三内丸山は陸奥湾から3km離れていますが，当時（5,000年前）は現在より海面が5mほど高かった。このため，三内丸山遺跡のすぐ近くまで海が迫っていました。

　　当時，海の幸は豊富で，ごみ捨て場（貝塚）か

ら，タイ，ヒラメ，ブリ，カツオ，サケ，ニシン，ウニなどの骨が大量に出ています。マグロのような大きな魚の骨も出土していることから，組織だった漁業が行われていた可能性があります。

栗，クルミ，きいちご，やまぶどうなどを取って食べたようです。驚くべきことは，栗林をつくって食料確保に努めていたことがわかったことです。

東京の中里貝塚では，カキを増殖させるため海岸に打ち込んだとみられる杭の列が出土しています。三内丸山でもカキの増殖が行われた可能性があります。

8. 集落を維持するための食料の貯蔵庫や祭りを行う場所，人の住む家などがあったから。
9. 陸奥湾は，三内丸山の北にある。地図帳で確かめるとすぐわかります。
10. 縄文時代，男159.1，女148cmで今より小さいです。44％に虫歯があり，寿命は31.1歳でした。

寿命

11. 土器の多くは，遺跡の中にある盛土とよばれるものから集中的に発見されています。この盛土は，土器のかけらなどが1,000年間にわたって積み重ねられてきたもので，「人工の丘」といえます。高さ3m，長さは80mもあります。
12. 交流・交易の範囲は，北海道から北陸まで及

「盛土」を建物の中で，自然のまま保存している。

んでいたようです。

例えば，新潟県の糸魚川上流・姫川でしかとれないヒスイを，首飾りや耳飾りなどに加工して使用しています。交易のあった証拠です。

秋田県産のアルファルトが，三内丸山では接着剤として用いられていました。その他，北海道産の黒曜石。これは刃物として使われたのでしょう。

この他に，琥珀や他地域で作られた様式のちがう土器などもみつかっていることから，近くても100km，遠い所では500kmも離れたところと交易していたことがわかります。

| 7問以上できた人 | A級 |
| 4〜6問できた人 | B級 |
| 3問以下の人 | C級 |

## ② 問題　大昔のくらしから何が見えるか

Q1　この絵は，何時代の人々のくらしのようすをあらわしているのでしょう。時代名を書きなさい。

Q2　今からおよそ何年前くらいのくらしのようすですか。

Q3　この絵の「季節」は，春・夏・秋・冬のいつですか。季節をきめて，色をぬりなさい。

Q4　「貝塚」とは，どんなものですか。

Q5　貝塚からどんなことがわかりますか。

Q6　貝塚は，全国どこにでもありましたか。

Q7　貝を煮ているものを，何といいますか。その絵をかきなさい。

Q8　縄文土器は，いつごろつくられたものですか。

Q9　縄文土器の特長を書きなさい。

Q10　世界で一番早くスープをのんだ人は，次のどこの国の人ですか。

　　　①　日本　　②　中国　　③ヨーロッパの国々

Q11　縄文土器の発明によって，人々のくらしはどのように変わったでしょう。

Q12　当時，土器のほかに，どんな道具があったでしょう。

Q13　当時の人々は，火をどうやっておこしたでしょう。

Q14　当時の人々は，貝のほかに，どんなものを食べていたでしょう。

Q15　食べ物を食べるとき，はしをつかっていたでしょうか。

Q16　この絵には，何人の人間がかかれていますか。人に色をぬり，しっかり数えなさい。

Q17　家は何軒かかれていますか。家の形を絵にかきなさい。

Q18　このような家を，何といいますか。

Q19　1軒の家には，何人くらい住んでいましたか。

Q20　直径は，何メートルくらいですか。

Q21　柱は，何本くらいありましたか。

Q22　この家には，トイレはありましたか。あったとすれば，どこにありましたか。

Q23　ここに家をたてたのは，どうしてですか。

Q24　この絵の方位（手前）は，どちらむきですか。どうしてそういえるのですか。

Q25　この時代の人々の身長は，今より大きいでしょうか，小さいでしょうか。

Q26　この時代の人々に，虫歯はあったでしょうか。

Q27　この時代の人々の寿命は，何歳くらいだったでしょう。ちなみに，今は，男78歳，女84歳です。

Q28　この時代の人々は，お酒をのんだでしょうか。

| | 解説 | 大昔のくらしから見えるもの |
|---|---|---|

〈基礎用語〉

縄文時代
(じょうもん)

1. 縄文時代の人々のくらしのようす。

2. 今からおよそ5,000年くらい前のようす。
   この数字はむずかしいので，よく調べること。

3. これはなかなかむずかしい。これがすぐにわかったらたいしたものです。
   「春」——全体を春の色，つまり，うすい緑を中心に着色します。左のすみに貝塚があります。この貝塚について調べると，貝塚から出てくる貝の90％は春貝です。このことから「春」とわかります。貝は春がいちばんおいしいのです。縄文人は「旬の味」を知っていたのです。
   (しゅん)

貝塚
(づか)

4. 大昔の人々のごみすて場です。貝がらが多く出てくることから，貝塚とよばれています。

5. 大昔の人々の食べ物や使っていた道具などがわかります。大昔の人々のくらしの玉手箱ともいえます。

6. 貝塚は，山の中にはありません。
   貝塚は，昔の海岸にそったところにあったので，貝塚をつないでみると，昔の海岸線がわかります。今より内陸へ入りこんでいました。関東地方に貝塚が多かったようです。

縄文土器

7. 縄文土器といいます。

12,000年前

8. 縄文土器は，早いものは約1万2,000年前につくられました。世界一早くつくられました。土器は，その使われた時期によって，いろいろなちがいがあります。

縄文土器の特色

9. 素焼きの土器で，厚手です。色は，黒かっ色，または茶かっ色です。縄目の模様がついていることから，縄文土器とよばれています。

10. ① 日本
    世界でいちばん早く農業を始めたオリエント（エジプト，メソポタミアを中心とする小アジア，西南アジア，北アフリカ地方をさす）地域では，7,000～8,000年前に土器が生まれています。それより日本の土器の方がはるかに早くつくられたのです。

11. 土器の発明で，それまで，生で食べるか，焼いて食べるかしていたのに，にて食べる，むして食べるということが加わりました。
    さまざまな材料をまぜあわせてにることができるようになり，複雑な味がつくれるようになり，「味覚革命」がおこったのです。それほどの大事件だったのです。
    にる以外に，のみ水を入れる，料理を入れる，もち運び，貯蔵などにも利用できます。

味覚革命

12. 絵をよくみるとわかります。
    おの，弓，つり針，もり，あみ，かご，ござ

| | などいろいろありました。 | | 24. むこうの家の入口が，手前の方に向いているので，南向きです。竪穴住居の入口は，日光を入れる窓もかねていたからです。南向きが，あかるくて，あたたかです。 |
|---|---|---|---|
| | 13. 木と木をこすりあわせて火をおこしました。 | 竪穴住居の向き | |
| | 14. 魚，動物，鳥類（きじ，かも，からなど），木の実（くるみ，くり，とちの実，どんぐりなど），草の根などを食べていたようです。 | | |
| 手食 | 15. はしはつかっていません。手食でした。 | | ただし，地形の関係で，南風の強い所などでは，東向きにたてたところもあるようです。 |
| | 16. 35人の人間がかかれています。 | | 25. 小さいです。次の数字をみてください。 |
| | 　海の中にいる小さな人影に気をつけて下さい。 | | 　今よりは小さいが，各時代の身長をみると大きい方だといえます。 |
| | 17. 家は6軒かかれています。 | | |
| 竪穴(たてあな)住居 | 18. 竪穴住居 地面を，40～50センチ掘り下げてつくりました。 | | |

|  | 男 | 女 |  | 男 | 女 |
|---|---|---|---|---|---|
| 縄文時代 | 159.1 | 148.0 | 江戸前期 | 155.0 | 143.0 |
| 古墳時代 | 163.0 | 151.5 | 後期 | 156.4 | 144.7 |
| 鎌倉時代 | 159.0 | 144.9 | 明治時代 | 155.3 | 144.7 |
| 室町時代 | 156.8 | 146.6 | | | |

19. 1軒の家は，大体5～6人くらいが限度だろうといわれています。

20. 直径は，およそ5メートルくらいです。円か，だ円です。

21. 柱は，4本～8本くらいありました。

22. 竪穴住居には，トイレはありませんでした。
　はげしい雨や雪のときは，どうしたのでしょうね。

竪穴住居をつくった場所

23. 次の24と関係があります。
　うらが山で南向きの丘や，狩り場をみおろす台地，水がすぐ近くにあるなど，生活につごうのよい所に家をたてました。つまり，一つは，地形がよい，二つは，食料が近くにある，三つは，水が近くにあるところにたてたのです。

26. 縄文人は，44％の人が虫歯になっていたそうです。古代人も，虫歯シクシクだったのです。

27. 男女とも，31.1才でした。おそろしく若死でした。

28. 米はなかったので，果樹で酒をつくり，のんでいたようです。上等の酒です。

| 20問以上できた人 | A級 |
|---|---|
| 12～19問できた人 | B級 |
| 11問以下の人 | C級 |

# ③ 問題　米づくりが始まったことから何が見えるか

Q₁　この絵は，何時代のようすをあらわしていますか。時代名を書きなさい。

Q₂　今から何年くらい前のようすですか。

Q₃　それは，どんなことからわかりますか。

Q₄　この絵の季節は，春・夏・秋・冬のいつですか。
　　季節をきめて，色をぬりなさい。

Q₅　米づくりは，どこから日本に伝わってきましたか。地図にかいて，そのルートを書きなさい。

Q₆　田んぼのはしに立てられている板を，何といいますか。また，その絵をかきなさい。

Q₇　いねかりをしている人は，何でいねの穂を切りとっていますか。その絵をかきなさい。

Q₈　うすをついている２人は，何をしているのですか。

Q₉　うすをついている人は，男ですか，女ですか。

Q₁₀　かりとったいねの穂を運んでいるのは，男ですか，女ですか。
　　　それは，どうしてわかりますか。

Q₁₁　板をつくっている人が２人いますが，この板は，どんなことにつかうのですか。

Q₁₂　米づくりの遺跡で有名な登呂は，何県ですか。

Q₁₃　登呂には，何人くらいの人が住んでいたと考えられますか。

Q₁₄　このころ水田は，どんなところにつくられましたか。

Q₁₅　だっこくしたもみを入れようとしている床の高い家を，何といいますか。

Q₁₆　何のために，床の高い建物に入れるのですか。

Q₁₇　この建物には「ねずみがえし」の工夫がされていました。それはどこについていましたか。

Q₁₈　仕事をしないで，じっと立っている人がいますが，これはだれですか。

Q₁₉　丘の上や山のふもとに住んでいた人々は，米づくりが始まると，米づくりにつごうのよい（　　）に集まりました。

Q₂₀　米づくりが始まると，これまでの移住生活や定住生活から，どんな生活にかわりましたか。

Q₂₁　米づくりが始まると，日本の人口は，縄文時代に比べてどうなりましたか。

Q₂₂　米づくりとともに伝わった道具の材料は，どんなものでしたか。

Q₂₃　米づくりが伝わったころ使われていたうすくて，かたい土器を，何といいますか。

Q₂₄　この土器には，どんな特長がありますか。

Q₂₅　米づくりが始まると，社会に大きな変化がおこりました。平等であった人々の間に，（　　）のちがいや，富んだ人と（　　）人との（　　）がうまれてきました。

Q₂₆　この絵の左がわは，東西南北のどちらがわでしょう。

Q₂₇　それは，どんなことからわかりますか。

Q₂₈　このムラの人々は，家ちくをかっていました。どんな家ちくをかっていたでしょう。

| 解説 | 米づくりが始まったことから見えるもの |

〈基礎用語〉
弥生時代
やよいじだい

1. 弥生時代
　米づくりが始まっているのですぐわかります。

2. 今から2,000〜2,300年前

3. 米づくりが始まっていることからわかります。

4. いねかりをしているから「秋」だとすぐわかります。
　秋らしい色をぬりましょう。

5.

いねの原産地

　いねは東南アジアが原産地だといわれています。日本に伝わったのは，上の地図のように，三つのルートが考えられます。

6. 矢板

　板の先をけずってうちこみやすいようにしていました。
　これで，田の区切りをしたり，あぜ道をつくったりしたのです。

石ぼうちょう

7. 石ぼうちょう。

　　　　　　　　　　長さ16cmくらい

8. だっこく。
　うすでついて，もみをとるしごとをしています。

9. 女です。服装でわかります。
　女の人は，貫頭衣という服をきています。男の人は，けさ衣というのをきているからわかります。
かんとうい

10. 女です。理由は上の通りです。

11. 6のところに書いたように，田の区切りをしたり，あぜ道をつくったりしました。水がもったり，田がくずれたりするのを防ぐためです。

12. 静岡県

登呂

高床倉庫

13. 登呂には12戸の竪穴住居と，2戸の高床倉庫，井戸3か所などが発見されています。
　1戸の人数を5〜6人とすると，登呂のムラの人口は，60〜70人くらいです。
　それなのに，倉庫は二つ，井戸は三つだけです。このことから，このころは共同生活をしていたことがわかります。

14. 川や池の近くの低地で，水の引きやすいところ。
　いねは，じかまきといって，種もみをそのまま田へまきました。

15. 高床倉庫

16. しつ度の高いところに住んでいたので，倉庫は高床にしないと，すぐくさってしまったいねの芽が出たりするからです。

17.
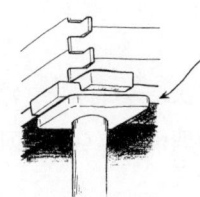
ここにつけて，ねずみが倉庫の中に入れないようにしたのです。

ムラ
かしら

18. ムラのかしらです。
　　ここの集団（60～70人くらい）のボスです。

19. 平地，または低地

定住生活
移住生活

20. 定住生活
　　それまでは，食べものを求めて，あちこち移住生活をしていたとみられていましたが，三内丸山遺跡の発掘などから，定住生活もしていたことがわかりました。米づくりが始まると，米づくりにつごうのよい土地に住みつくようになりました。これで定住生活をすることがいっそう多くなりました。

21. 縄文時代に比べて，弥生時代の人口は，「2倍」にふえたと考えられています。
　　縄文時代の後期には，10～20万の人が住んでいたと考えられています。弥生時代は，この倍ということになるわけです。
　　なお，世界の人口は，次のようです。

BC30世紀　　1億人
AD17世紀　　5億人
　20世紀　　25億人
　1980年　　42億人
　2000年　　60億人

鉄
青銅
弥生式土器

22. 鉄や青銅の道具が伝わりました。
23. 弥生式土器
24. 弥生式土器の特長は，次のようなことです。
　・縄文式土器より高温で焼かれている。
　・うす手になっている。
　・かたい。
　・形がすっきりしていて，表面にもようがない。
　・ろくろをもちいたものが多い。
　・赤かっ色をしている。

身分

25. 身分，貧しい，差（区別）
26. 左が「北」
27. 建物の向きでわかる。
28. にわとり

| | |
|---|---|
| 20問以上できた人 | A級 |
| 11～19問できた人 | B級 |
| 10問以下の人 | C級 |

## ④ 問題　吉野ケ里遺跡から何が見えるか

Q₁　この絵は，何時代のものでしょう。

Q₂　この絵の季節は，春夏秋冬のいつでしょう。季節を決めて色をぬりなさい。

Q₃　高い床の家の中に入れているのは，何でしょう。この家を何といいますか。

Q₄　どうして高い床の建物に入れたのでしょう。

Q₅　むらのまわりのほりやさくは，何のためにつくられたのでしょう。

Q₆　高いやぐらは，何のためにつくられたのでしょう。

Q₇　武器をつくっているのは，どうしてでしょう。

Q₈　さくに囲まれた立派な家があることから，どんなことが考えられますか。

Q₉　銅鐸をつくっているようですが，どんなことにつかったのでしょう。

Q₁₀　銅鐸には，右上図のような絵が描かれているものがあります。このことからどんなことがわかるでしょう。

Q₁₁　米つきらしきことをしているのは，男性でしょうか。それとも女性でしょうか。それはどこでわかりますか。

Q₁₂　土器をつくっています。何土器といいますか。その特長はどんなことですか。

| | 解説 | 吉野ケ里遺跡から見えるもの |

〈基礎用語〉

弥生時代

高床式倉庫

1. 弥生時代（後期）

2. イネかりをしていることや，冬にそなえて倉庫に食料らしいものを入れていることから秋。

3～4. 食料，イネをつくるため湿度の高い所に住んでいたので，倉庫を高床式にしないとすぐくさってしまったりするからです。高床式倉庫。

金属器

武器

5. ほり（総延長は1キロ以上）やさくは，「たくわえ」を奪われたり，敵からむらがおそわれたりするのを防ぐため。生死をかけて守りぬかなくてはならないものができたり，奪うものができたからです。

剣

矛

「財産」として考えられるものは，高床式倉庫にたくわえられた食料（イネ）や水田であったと考えられます。

とくに水田は，水田として利用できる低湿地が限られていることから，むらとむらの争いの主な原因となったはずです。

つまり，外敵からむらの財産や人命を守るために，ほりやさくがつくられたのです。

遺跡

吉野ヶ里遺跡は，集落（むら）が，防衛的な機能を備えていた証拠を示しています。

6. 高い物見やぐらは，外敵からむらを守るため，見張りをしたところであると考えられています。

かなり高いやぐらで，広い範囲を見ることができたようです。

7. 武器をつくったのも，ほりやさく，物見やぐらをつくったのと同じ理由です。外敵からむらの財産や人命を守るためであり，他のむらを攻撃するためです。

石器や金属器を武器としました。もとは生活用の道具であったものが，武器に転用されました。

このため，矢じりがつきささったまま埋められた人骨が，弥生遺跡から多数出土しています。

剣や矛が登場し，これが戦いで使われたため殺傷の度合が大きくなったと考えられます。

武器は，祭りの道具としても，崇拝の対象となっていました。このことから戦いが日常生活の中に深くねざしていたといえます。

吉野ヶ里遺跡から首のない人骨が出土しています。これは戦死とみられ，戦死者の墓とみられるものも出土しています。

山口県豊浦郡土井ヶ浜遺跡から200体余の人骨が出土しました。人骨は同じように屈葬で直接砂の中に埋められていました。その中には10本以上の石の矢じりがつきささったものもあり，

戦死者がかなりいたものとみられています。
8. これだけのむらになれば，指導者がいなければまとまりません。農作業の指導者もいれば，外敵と戦うときの指導者もいたでしょう。また，祭りなどをきちんと行うための指導者もいたと考えられます。
　　そういう指導者の住むための家，武器などの財産を厳重に保管していた場所，あるいは祭りを行う場所などが考えられます。

銅鐸

9. 銅鐸は，宗教的な儀式に使ったらしいです。らしいというのは，どのように使われたのかよくわかっていないからです。偶然発見されることが多く，むらの指導者の力を示すものとも考えられています。
10. 上の絵から，狩猟が行われていたことがわかります。シカ，イノシシといった動物の絵も描かれたものがあるので，こんな動物をとって食べたのでしょう。
　　また，下の絵から米つくりが始まっていることがわかります。うすの中にもみを入れて脱穀作業をしていると考えられています。
　　子どもたちに，「この絵は何をしているのでしょう？」と問いかけると，すごく面白い考え，見方が出てきます。
　　餅をついている，薬をつくっている，土器をつくる土をついている，ストレス解消，木の実をわっている，木の入れものをつくっている等々，面白い考えが出ます。
11. 脱穀作業をしている人の頭が三角です。これは女性を表わしています。男性は丸で表わしていました。男性と女性の仕事が分かれていたのです。
12. 弥生土器。水田耕作が始まったころの土器で，縄文土器より高温で焼き，ろくろを使用しています。赤褐色で，うす手です。文様はかんたんで幾何学的模様か無文様です。

※吉野ヶ里遺跡は規模や内容から邪馬台国ではないかとみられたが決定的な証拠がみつかっていません。

| 7問以上できた人 | A級 |
| 4～6問できた人 | B級 |
| 3問以下の人 | C級 |

# 5 問題 卑弥呼から何が見えるか

Q₁ ヒミコの顔をかき，その姿とヒミコの宮殿に，きれいに色をぬりなさい。

Q₂ ヒミコは，何という国の女王でしたか。

Q₃ ヒミコは，いくつくらいの国をしたがえていましたか。

Q₄ どうして，女の王・ヒミコが誕生したのですか。

Q₅ ヒミコが女王になったのは，西暦何年ころですか。

Q₆ ヒミコの宮殿には，多くの女子がつかえていて，ヒミコのせわをしていたといわれます。

　何人くらいの女子がつかえていたのでしょう。

Q₇ ヒミコは，何の力で人々をしたがえたのですか。

Q₈ ヒミコが，女王になったころ，中国は三つの国に分かれていました。三つの国の名前を書きなさい。

Q₉ ヒミコは，三つの国のうちの一つに，使者を送りました。それは，何という国ですか。

Q₁₀ ヒミコが中国へ使者を出したのは，西暦何年のことですか。

Q₁₁ 中国の王は，ヒミコに金印と，絹・錦（金銀などの色糸でもようを織り出した厚地の絹織物のこと）・金・刀剣・銅鏡100枚などを与えたということです。

　これより先，西暦57年に奴国の王が漢に貢物をもっていき，漢の光武帝が金印をさずけたといいます。この金印には，何とかいていましたか。

Q₁₂ 金印のたて・よこ・高さ，それに重さは，どのくらいですか。

Q₁₃ この金印は，いつごろ，どこから掘り出されましたか。

Q₁₄ ヒミコのおつげを権力者たちに伝えたのは，次のうちだれですか。

　(1) ヒミコ自身

　(2) ヒミコの弟

　(3) ヒミコの家来のみこ

　(4) ヒミコを守っている兵士

Q₁₅ ヒミコは，どんなものを食べていたでしょう。

Q₁₆ ヒミコは，パンツをはいていたでしょうか。

Q₁₇ ヒミコの死後，だれが治めるようになったでしょう。

Q₁₈ このころの日本のことを書いている中国の本は，何という本ですか。

Q₁₉ 邪馬台国はどこにあったか，いまだによくわかりませんが，大きく二つの説に分かれています。それは，どことどこですか。

Q₂₀ 「ヒミコ」というのは，固有名詞ですか，それとも普通名詞ですか。

| | |
|---|---|
| **解説** | # 卑弥呼から見えるもの |

〈基礎用語〉

卑弥呼
（ひみこ）

邪馬台国
（やまたいこく）

まじない

うらない

魏・呉・蜀
（ぎ・ご・しょく）

三国時代

魏志倭人伝
（ぎしわじんでん）

1. 卑弥呼の姿を見た人はまれでした。

「目がくらむほど美しい女王だった」という人もあれば、「だいぶお年で美しくなかった」という人もいます。あなたは、どちらだと思いますか。

2. 邪馬台国

3. 30ほどの国をしたがえていました。

4. もとは男の王が治めていましたが、くにがみだれ、争いが続いたので、30あまりのくにの王たちは相談して、卑弥呼を女王にしたのです。

5. 卑弥呼が女王になったのは、230年ころ。

6. 卑弥呼は、立派な宮殿に住み、1,000人もの女子がつかえて、せわをしていたといわれます。

7. 卑弥呼は、「まじない」や「うらない」の力で、人々をしたがえていました。つまり、「神のおつげや占い（うらな）」によって、政治をしていたのです。

8. 魏・呉・蜀の三国に分れていました。それで「三国時代」ともいいます。

わたしどもが、「三国志」というお話を読むのは、この時代のことを書いたものです。

9. 魏の国に使いを送りました。だから、「魏志倭人伝」に、邪馬台国のことを書いているのです。

10. 西暦239年6月。まず楽浪（らくろう）（今の朝鮮のこと）

の役所におもむいたのち、魏の都で皇帝に会い、貢物をささげました。

漢委奴国王

11. 「漢委奴国王」という5文字がほられています。

これを、「漢の委（わ）の奴（な）の国王」と読み解くのに、百数十年もかかりました。

この5文字の意味は、「漢（中国のこと）のけらいである倭（わ）（日本のこと）の奴（な）（小国の一つ）の国王」ということです。

右の図をよくみてください。

12. 一辺が2.3cm。高さ2.3cm。重さ108g。

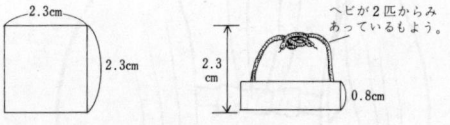

13. 1784年（天明4年）、福岡県の志賀島（しかのしま）で百姓が偶然に発見しました。

14. (2) ヒミコの弟

15. ひと一倍長生きし、しかも、死ぬまで、民衆をまじないの力でひきつけてきた女王卑弥呼は、そのエネルギー源を、どんな食べ物に求めたのでしょう。

御神酒（おみき）

神とお話をするには御神酒をのんだはずです。ふだんの食事は、むした強飯（こわいい）。これは玄米（げんまい）でした。おかずは、野菜が多かったといいます。

ダイコン、ネギ、ウリなどの野菜。フキ、セ

リ，ウドなどの薬効もある山菜。カキ，モモ，タチバナなどのくだもの，それに，海そう類。豆類には，ダイズ，アズキ，ソラマメ，エンドウマメ，ウズラマメなどがありました。

便秘は，超能力の障害になるので，特に，新鮮な生野菜を大切にしたと思われます。おそらく，野菜サラダ風にして食べたでしょう。

お茶は，大昔は薬用でした。これをたっぷりのんだでしょう。

新鮮なさかなやその臓物，貝のむき身，けもの肉の塩づけなども食べたようです。

年をとってからは，煮(に)ものや納豆をよく食べるようになったようです。

以上，まとめてみると，少量で効果ばつぐんの玄米食に，ダイズ，それに野菜でした。このほかに旬(しゅん)のくだものや海そうを食べたようです。1回の食事時間，51分，3,990回もかんでいたといわれます。

玄米
ダイズ
野菜
くだもの
海そう
紫(むらさきしき)式部
清(せいしょうな)少納(ごん)言
十二単(ひとえ)衣

16. はいていませんでした。

平安時代の紫式部も清少納言も，十二単衣のお姫様も，ノーパンだったのです。北条政子も日野富子も，そして，春日の局もノーパンでした。

では，明治時代の人ははいていた？ ノーです。大正時代もノーです。女性がパンツをはくようになったのは，昭和7年，東京日本橋白木屋百貨店が火事になり，和服の女店員が，すその乱れを気にして逃げおくれて，焼死したことがきっかけとなって，洋服をきるようになり，同時にパンツもはくようになったのです。

17. 卑弥呼の死後，男の王が位につきましたが，内乱がおこり，千人をこえる死者を出しました。

そこで，卑弥呼の一族の少女・台与(別名壱与ともかく)が13才で女王になりました。すると，乱は治まったのです。台与もまじないにすぐれていました。

台与(とよ)（壱与）

魏志倭人伝

18. 魏志倭人伝，三国（魏・呉・蜀）の歴史をまとめた『三国志』の一部です。

19. 大きく分けると「北九州説」と「近畿地方説」です。

20. 普通名詞です。ということは，何人もいたということです。「卑」＋「巫(ひ)女(みこ)」で，卑は昔は「尊い」という尊敬語で，多くいた巫女の中で，女王として尊敬を集めたのが「卑弥呼」というわけです。

| 12問以上できた人 | A級 |
| 7〜11問できた人 | B級 |
| 6問以下の人 | C級 |

— 26 —

## ⑥ 問題 大山古墳から何が見えるか

Q₁ この古墳は，大山古墳（大阪府堺市大山町にあるため）とよばれています。この古墳は，何という天皇の墓だといわれていますか。

Q₂ この古墳の形を，何とよんでいますか。

Q₃ どうしてこうよばれるのですか。

Q₄ 大山古墳のまわりは，どのくらいの長さがありますか。

Q₅ ①〜④は，それぞれ何メートルあるでしょう。

①の長さは，およそ何メートルあるでしょう。
②の長さは，およそ何メートルあるでしょう。
③の高さは，およそ何メートルあるでしょう。
④の高さは，およそ何メートルあるでしょう。

Q₆ 大山古墳は，山地に築いたものですか。それとも台地や平地に築いたものですか。

Q₇ 古墳つくりで，いちばん大変な仕事は，どんな仕事でしょう。

Q₈ 古墳つくりのばく大な量の「土」は，どこからもってきたのでしょう。

Q₉ 土を三段にもり上げた後，表面を「ふき石」でおおっています。さらに，頂上やまわりに円筒形のあるものが並べられました。それは何というものですか。

Q₁₀ 円筒のやきものは何のために使われたのでしょう。

Q₁₁ 大山古墳は，つかった土は，5トンづみのトラック56万2,300台分だといいます。

では，1日，1,000人の人が休みなくはたらいたとすれば，何年くらいかかったことになるでしょう。次の中からえらびなさい。

① 4年以上　　② 10年以上　　③ 21年以上

Q₁₂ 大山古墳のむきは，東西南北どちらむきでしょう。

Q₁₃ 古墳がさかんにつくられたのは，いつごろから，いつごろまででしょうか。

Q₁₄ 大山古墳をつくるために，どんな人たちが働いたのでしょう。

Q₁₅ 面積10万4,000㎡もある世界一の墓です。どうしてこんなに大きな墓（古墳）をつくったのでしょう。

Q₁₆ はにわには，どんな形のものがありますか。形をかきなさい。

Q₁₇ はにわの形から，どんなことがわかりますか。

Q₁₈ 古墳には，大山古墳のような形だけでなく，ほかにどんな形の古墳がありましたか。その絵と名まえを書きなさい。

Q₁₉ 日本には，古墳といわれるものは，いくつぐらいあるでしょう。

Q₂₀ 前方後円墳は，日本中にみられますか。

Q₂₁ 大山古墳には，周囲に三重の濠があります。この水はどこから流れ込み，どんなことに利用されているでしょう。

Q₂₂ 大山古墳から，どんなことが見えてきますか。

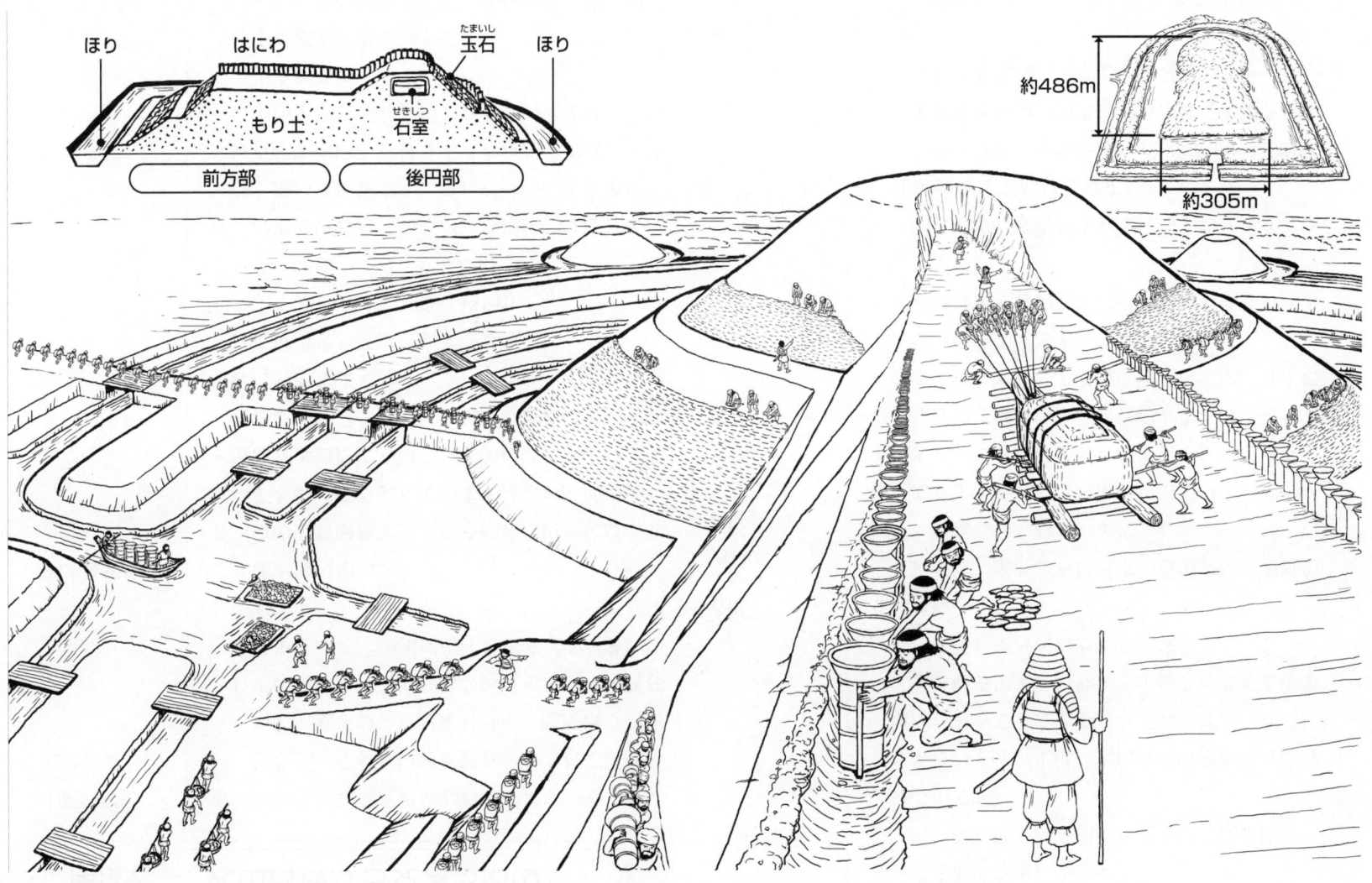

| | |
|---|---|

**解説** 　大山古墳から見えるもの

〈基礎用語〉

仁徳天皇

前方後円墳

埴輪

1. 仁徳天皇の墓だといわれています。

　しかし，くわしい発掘調査がなされていないために，墓をつくった年月日や，誰がほうむられているのかはっきりしない点もあって，所在地名をとって，「大山古墳」とよぶ学者が多いのです。

2. 前方後円墳

3. 前の方が四角で，うしろがわが円形になっているため，こうよんでいます。なお，前方後円墳は日本独持のもので，外国にはこのような形の古墳は発見されていません。古墳は中国や朝鮮にもあります。

4. 古墳のまわりは，およそ3km

5. 　① 306m 　　② 486m
　　③ 35m 　　④ 33m

6. 台地といわれているが，地理学では段丘とよび，礫の多い層です。これだけの巨大古墳が千数百年間も原形を保ってこられた原因は，土質のよい土地を選んでいるためといえます。

7. 土を掘ること
　土を運ぶこと
　かんたんな道具しかない時代ですから，掘る

のは大変な仕事です。

8. 濠を掘った土
　第一濠と第二濠を掘った土だけでは全体の2分の1です。
　あとの2分の1は，大山古墳の南西の方の台地からもってきたとみられています。
　濠を掘る作業と，外から土をもってくる作業は，並行して行われたようです。

9. 埴輪
　茸石は，濠とともに日本の古墳づくりの特色の一つだといわれています。

10. もり土がこわれないように，もり土の端に埴輪を並べました。土もりの上には，石をきれいにしきつめました。ふき石の大きさは，猪や犬の頭くらいです。ふき石は濠とともに，日本の古墳の特色の一つといえます。
　円筒のすやきのものはどのくらい使われたのでしょう。
　円筒埴輪の直角が約40cm，左右のかんかくが各6cmとして計算しますと，
　上段のふちの長さを700mとして——1,521本
　キヌガサ埴輪（貴人にさしかけて太陽をさえぎるかさをまねたと思われる埴輪）は——169個
　中段は1,162mとして，——2,562本

下段にもあるとすると1,400mだから――
3,040本
　　このほか,第一濠の外側のつつみの内側と外側,さらに,第二濠の外側のつつみにも円筒埴輪をおいたとすると,その総数は1万3,740本といいます。少なくみつもっても,1万5,000本前後あることになります(『巨大古墳』草思社)。

11. ① 4年以上
　　680万人を動員し,今の金にして800億円かけての工事です。豪族たちが大きな力をもっていたことがわかります。

12. 墳丘の長軸のむきを海岸線に平行させて,海からながめたとき墳丘の大きさ,美しさが効果的に見えるようにつくられました。つまり,南北に長軸があり,北むきといえます。

13. 3世紀末から7世紀
　　前期(3世紀末～4世紀)――近畿地方を中心に台地や丘陵につくられました。中に入れられるものも宝物などが多いです。
　　中期(5世紀)――全国的に広がります。同時に,仁徳天皇陵のような大きな前方後円墳が作られ,大きな権力をしめしました。中に入れられるものには,鉄製の武器が多いです。
　　後期(6～7世紀)――古墳は小さくなり,群集墳となりました。横穴式石室が多く,中に入れられるものも,馬具や装身具がふえています。
　　大きな古墳づくりは仏教の伝来(538年)とともに,自然になくなっていきました。しかし,本当の理由は,645年の大化の改新の後に「薄葬令(はくそうれい)」というのが出され,墓の大きさがきめられたのです。そのため巨大な前方後円墳はつくられなくなったのです。
　　では,国は,なぜ巨大な古墳づくりをやめたのでしょうか。
　　それは,大きな労力と経済力を節約するためです。しかし,何よりも,広大な水田をつぶさなくてはならないことが,いちばん大きな理由だったようです。
　　墓を小さくしたかわりに,高松塚古墳のように壁画(へきが)をかいたり,大きな石をくりぬいて部屋をつくったりしました。

14. 大きな古墳をつくるには,まず設計図を書く人がいたはずです。設計図は木の板に描かれた可能性が大きく,土の量の計算,測量,天文土木技術者などの高度な知識をそなえた頭脳集団が小人数いたと考えられます。次に,実際に土を掘ったり運んだり,石を運んだりするなどの労働をする大集団。三番目は,大集団に食料を与えたり,道具を整備したり,道具の修理をする人,食料や物資の保管場所を警備する人,埴

仏教の伝来

大化の改新

壁画(へきが)

輪や石棺を準備する人など，今の役所のような仕事をする人もいたでしょう。政治のしくみは，巨大古墳づくりのようなことから生みだされたものでしょう。「長さ」の単位などもこのとき統一されたのでしょう。

**天皇の権力**

15. 大きな墓をつくるには，よほどの権力がなければできません。ですから，天皇や豪族の権力の大きさを，人民にみせつけるためでしょう。

16. 埴輪にはいろいろなものがありました。

三角帽子をかぶった男子　　馬　　帽子をかぶったひげの男　　女性

**人物埴輪**

17. 人物埴輪——当時の人々の服そう，身につけていた道具がわかります。

　　農夫，戦士，女性，おどる人など，いろいろな種類があります。

**動物埴輪**

動物埴輪——もっとも多いのが馬です。

　　水鳥やさるなどもあり，当時の人々がどんな動物を身近に感じていたかわかります。

**家形埴輪**

家形埴輪——当時の上流階級のすんでいた家のようすがわかります。

**舟形埴輪**

舟形埴輪——当時の人々が，交通機関として舟

---

を利用していたことがわかるし，その形もわかります。

**円筒埴輪**

円筒埴輪——埴輪の中で特にたくさんつくられたものです。

**円墳**

**方墳**

18.

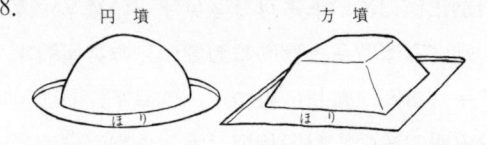

円墳　　　　方墳

19. およそ1,500ぐらいといわれています。

20. 次の地図のように，北海道と沖縄県をのぞく全国にみられます。

前方後円墳の分布

埼玉古墳群
石清尾山古墳群
百舌鳥古墳群　古市古墳群
西都原古墳群
○　前方後円墳古墳群

21. 濠の水は，主として雨水をためたもので，農業用水として今も使われています。もともと濠は二重でした。明治32〜35年の大工事のとき，三重の濠にしたものです。

22. 全長486m，幅305m，高さ35mというまるで山のような古墳から，3世紀から4世紀にかけ

**大和朝廷**

て強大な権力と財力を持った統一国家、すなわち初期の大和朝廷が成立していたことが見えてきます。巨大な建築物をつくるには大規模な労働力を長期間にわたって投入する必要があるからです。

特に、応神天皇・仁徳天皇陵（大山古墳）は雄大な古墳です。前方後円墳は世界的な大きさをほこっています。

応神天皇陵は、墳丘の表面積は日本最大で秦の始皇帝の陵とともに世界屈指の王墓といえます。

仁徳天皇陵も、長さ486m、高さ35m、幅305mで、1㎥の土を1人が1日に250m運べるとすれば、1日1,000人使っても4年かかると考えられます。

しかも、葺石は、現在でもトラック数千台を要するといわれています。これをすべて人力で、ズラリと並んだ人民が手から手へと渡して運んだ、と日本書記に書かれています。

できあがった墓は人の力を超えたものとみられ、「この墓は昼は人作り、夜は神作る」といわれたそうです。

王権が神的な権威にまで高められた象徴といえるでしょう。

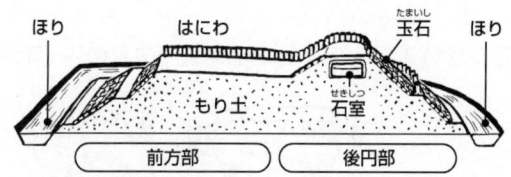

| | |
|---|---|
| 16問以上できた人 | A級 |
| 11〜15問できた人 | B級 |
| 10問以下の人 | C級 |

## 7 問題　奈良の大仏から何が見えるか

Q₁　奈良の大仏は，752年4月9日に開眼式（かいげん）がおこなわれ，天皇をはじめ，1万人以上の人が出席したといいます。

　　この大仏は何という寺の本尊ですか。

Q₂　このころ，全国に国分寺（こくぶんじ）と国分尼寺（にじ）がつくられました。大仏のある寺は，どちらの総本山ですか。

Q₃　もう一つの方の寺の総本山は，何という寺ですか。それは，どこにつくられましたか。

Q₄　奈良に大仏をつくるように命令を出したのは，何という天皇ですか。

Q₅　大仏づくりの絵に，工事のようすがよくわかるようにいろをぬりなさい。

Q₆　Aの人は，かんとくをする人でしょうか。それとも，工事を実際にしている人でしょうか。

Q₇　Bの人たちは，力を入れてふんでいるようですが，板をふんで何をするのですか。

Q₈　Cの人は，どうしたのでしょう。どこへ運ばれるのでしょう。

Q₉　Dの人たちは，何かを流しこんでいるようですが，何を流しこんでいるのですか。

Q₁₀　ぼうぼうと火が出ているEは，何ですか。この中で何をつくっているのですか。

Q₁₁　Fの人は，何をしているのですか。

Q₁₂　Gは何ですか。

Q₁₃　Hの人たちは，かごをせおって何を運んでいるのですか。

Q₁₄　Bの人たちは，何か所にもいますが，どうしてですか。

Q₁₅　大仏は，どのような順序でつくられたでしょう。つくったと思う順に記号を書きなさい。

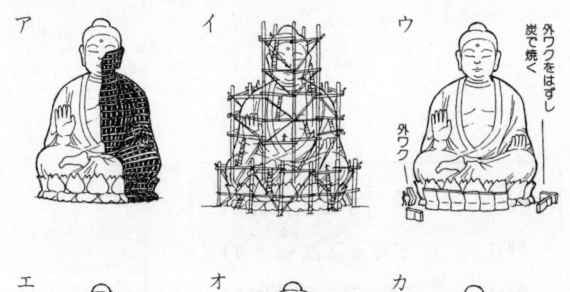

Q₁₆　大仏づくりの絵は，上のどの記号のところをつくっていることになりますか。

Q₁₇　大仏づくりに協力した有名な僧は，何という僧ですか。

Q₁₈　大仏づくりに働いた人は，のべ何人くらいでしょう。

Q₁₉　大仏の高さは，どのくらいですか。

Q₂₀　ばかでかい大仏をつくった本当の理由はどんなことでしょう。

Q₂₁　大仏づくりに公害があったでしょうか。

Q₂₂　この日の天気は，晴・くもり・雨のどれでしょう。

Q₂₃　大仏からどんなことが見えてきますか。

| | |
|---|---|

**解説** | 奈良の大仏から見えるもの

〈基礎用語〉

東大寺

国分寺

国分尼寺

聖武天皇
(しょうむ)

仏教

1. 奈良の東大寺

2. 全国の国分寺の総本山

3. 全国の国分尼寺の総本山として，奈良の都に法華寺がつくられました。
(ほっけじ)

4. 仏教の力で国々を繁栄させたいと願った聖武天皇

5. 火がごうごうともえ，とけた銅が流れ出しているところを赤くぬるとよいでしょう。

　働いている人は，ねずみ色（灰色）がかった色がよいと思います。

6. Aは，現場かんとく。

　とけた銅を流しこむところで，細心の注意が必要です。

7. Bの人たちは，「ふいご」をふんで，炉に風を送りこんでいるのです。

　炉もいくつかあるので，ふいごも何か所かあるのです。この人数だけでも相当にいます。

8. Cの人は，けがをした人か，つかれてたおれた人で，医務室のようなところへ運ばれるのでしょう。

9. Dの人は，炉でとかされた銅を流し込んでいる人たちです。きわめて危険な仕事です。専門

行基
(ぎょうき)

大僧正

大仏

の技術者であったと思われます。

10. Eは炉です。

　銅鉱石などをもやしてとかしているところです。

11. Fの人は，炉の中へ銅鉱石などの材料を入れている人です。

12. Gは材料です。銅鉱石などでしょう。

13. Hの人たちは，かごに材料を入れて，高いところへ運んでいるのです。

14. 炉がいくつもあるので，それに空気をおくるためには，ふいごがいくつもいるからです。

15. 順序は，ア→ウ→オ→カ→エ→イ

16. エの段階です。

　首の少し下の部分までうまっているのでこういえます。

17. 行基

　天皇は，行基の力を認め，力をかりなければ大仏はできないと考え，行基の罪を許し，かわりに大僧正（僧の最高位）の位をおくりました。

　行基も，大仏づくりは仏教の教えにかなうことなので協力しました。しかし，大仏ができあがる少し前になくなってしまいました。

18. 材木関係の技術者51,509人，この下で働く労働者1,665,071人，金属関係の技術者372,075人，この下で働く労働者514,902人——合計

  2,603,557人。
  ということで，およそ260万人といえます。
19. 高さ15.8m
20. 中国にもない，世界一のものがつくりたかったということです。
21. 水銀などをつかったので，公害もあったようです。
22. 晴。1年の中でも晴天の続く時期をえらんで銅をとかして流しこみました。途中で雨でも降ったら大変です。
23. 8世紀の日本の人口は，約5～600万人です。この中で20万都市がたった1つありました。これが平城京です。
  咲く花のにおうがごとき平城京に，ひときわ輝いたのが大仏です。右のイラストでわかるように，「小仏」ではなく，まさに「大仏」です。
  こんな大きな大仏をつくる力が朝廷にそなわっていたことが見えてきます。聖武天皇は，「中国にもない大きな仏像をつくりたい」と考えたのでしょう。
  国の富と権力をあげて大仏をつくったのです。
  この費用はどうしたのでしょう。
  それは，743年に出された墾田永代私有令にカギがあります。墾田は私有地となりましたが

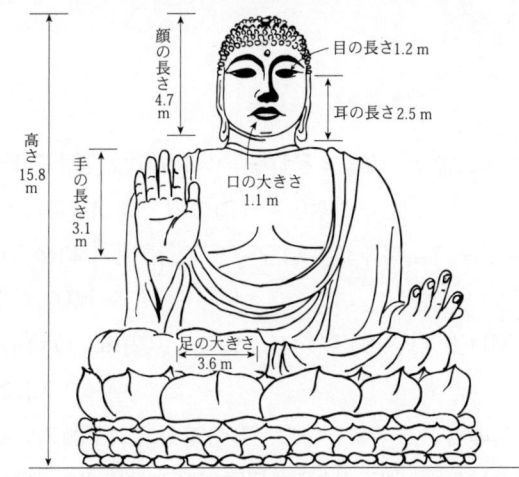

建立当時の大きさ

税を納めなくてはなりません。つまり，墾田の増加は国家財政の増加になります。これを大仏づくりの財源の1つにしたのです。
  こんなことがみえてきます。

| | |
|---|---|
| 15問以上できた人 | A級 |
| 9～14問できた人 | B級 |
| 8問以下の人 | C級 |

## 8 問題 正倉院から何が見えるか

Q₁ この絵は，有名な正倉院です。正倉院は，漢字からもわかるように，ある寺の倉庫です。何という寺の倉庫ですか。

Q₂ きれいに色をぬりなさい。

Q₃ この倉庫は，三つの部屋に分かれています。

　むかって，右手，まん中，左手に分かれています。それぞれの名まえを書きなさい。

Q₄ まん中の倉庫は板ばりのかべになっていますが，右手と左手の倉庫のかべは有名なつくりになっています。何というつくりですか。

Q₅ どうして，このようなつくりにしたのですか。かんたんにわけを書きなさい。

Q₆ 床下がとても高くしてあります。どうしてこんなに高くしているのですか。

Q₇ この正倉院は，ある天皇の遺品を入れたのがきっかけだといわれています。ある天皇とは，何という天皇ですか。

Q₈ 天皇の遺品をこの寺に寄付をしたのは，だれですか。

Q₉ 正倉院は，日本だけではなく，「世界の宝庫」といわれています。それはどうしてですか。

Q₁₀ 正倉院がつくられたころ，都はどこにありましたか。

Q₁₁ その都は，何といいましたか。

Q₁₂ その都には，どのくらいの人が住んでいましたか。

Q₁₃ 正倉院がつくられたころ，日本の人口は，どのくらいだったで

しょう。また，役人は何人くらいだったでしょう。

Q₁₄ この都は，中国の何という国の都をお手本にしてつくりましたか。

Q₁₅ ここへ都をうつしたのは，何という天皇ですか。

　それは，西暦何年のことですか。

Q₁₆ この時代には，中国へ何度も使いや留学生を送り，中国の文化をとり入れようとしました。

　この「使い」を何といいますか。

Q₁₇ 中国へわたり，何度もあらしにあって，とうとう日本へ帰れなかった人もいます。

　逆に，日本にこようとして何度も失敗し，6回目についに日本についた有名な僧がいます。この僧はのちに唐招提寺（とうしょうだいじ）をつくりました。

　何という僧ですか。

Q₁₈ 中国への使いは，630年以来，18回計画され，15回送られました。18回目でついに廃止になりました。このとき大使に任命されたのは，だれですか。

Q₁₉ この15回の使いが，中国からもちかえったものが，正倉院に入っているでしょうか。

Q₂₀ 「正倉」というのは，全国にあったというが本当でしょうか。もし，本当なら，どこにあったのでしょうか。

Q₂₁ 正倉と正倉院は，同じものですか。それともちがうものですか。

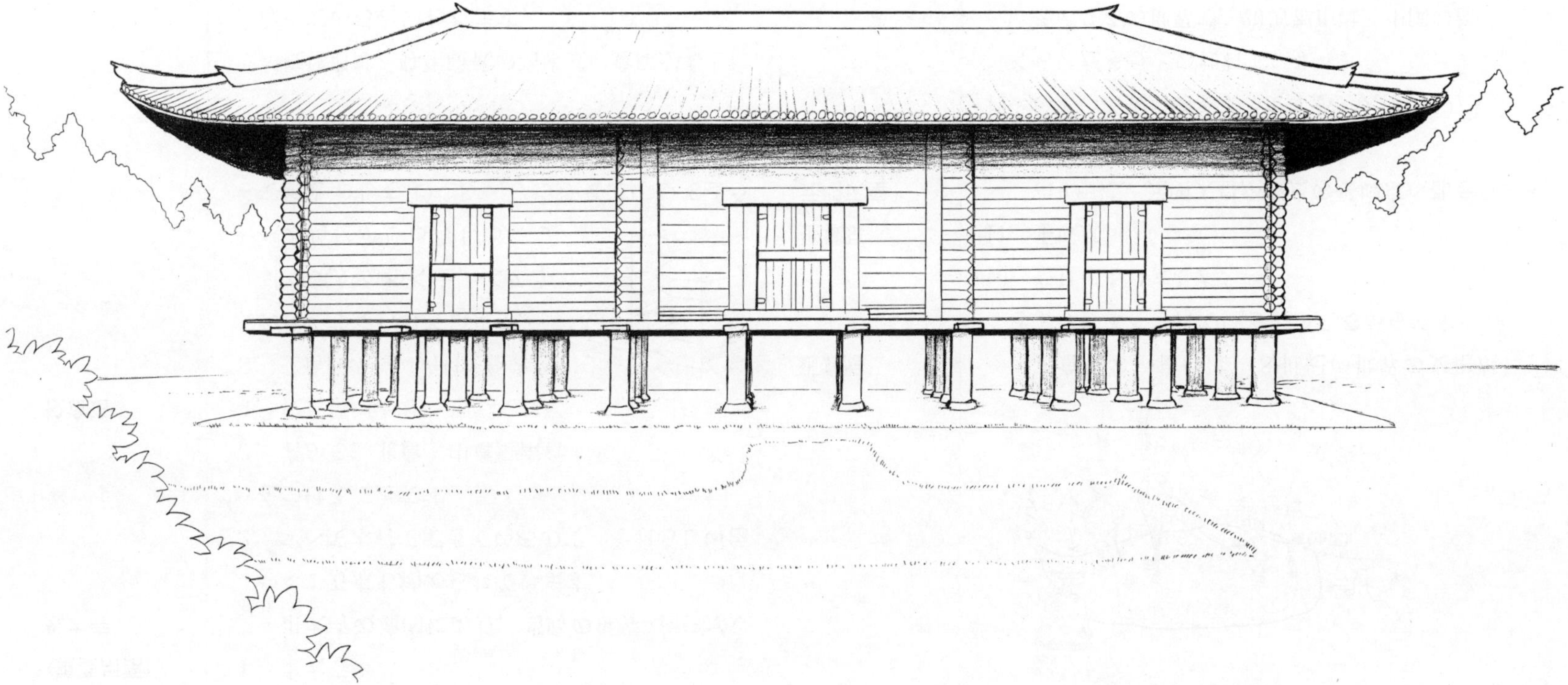

| | |
|---|---|
| **解説** | **正倉院から見えるもの** |

〈重要用語〉

東大寺

1．東大寺

　東大寺の境内にあり，当時の世界の宝物が，やく1万点も納められています。

2．すべて木材でできているので，それらしい色をつけることです。

3．右から，北倉，中倉，南倉

校倉造

4．校倉造（あぜくらづくり）

5．三角形の長い角材を組み合わせてつくられています。

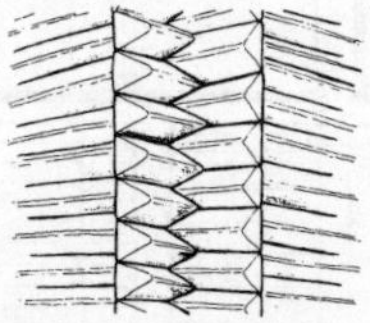

　「空気がかわくと，このかべの角材がしゅうしゅくして風とおしをよくし，しめり気に応じてぼうちょうして，中にしっけの入るのを防いでいます。」

　校倉造は，弥生時代の高床式の倉庫がもとになっているといわれます。

6．床下が2.7メートルもあり，風とおしをよくするためですし，地面のしっけが中に入らないようにするためです。

しょうむ
聖武天皇
こうみょう
光明皇后

7．聖武天皇

8．聖武天皇のきさき，光明皇后

9．中国や遠くインド，ペルシア（今のイラン）な

正倉院

平城京

げんめい
元明天皇

長安

ど，むかし栄えていた国の宝物が納められているからです。当時の外国の様子までうかがうことができます。

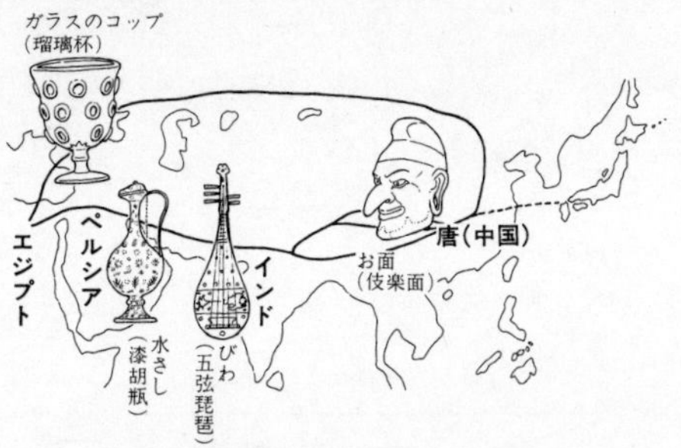

　正倉院の宝物には，8世紀の世界の文化がぎょうしゅくされているといえるからです。

10．奈良にありました。

11．平城京

　710年に，元明天皇が奈良の平城京へ都をうつしました。

12．いろいろ説があるようですが，大体「20万人」くらいだろうといわれています。

　そのころの世界で，20万都市は，中国の都・長安以外には考えられないほど多い人口です。

13．都の人口20万人のうち，役人はなんと1万人もいました。

　役人の給与は，位によってきめられていました。

　内閣総理大臣にあたる人の年俸が4億5,000

万円というのだから驚きます。今の内閣総理大臣の年俸は，4,500万円くらいですから，いかに高いかわかります。

万葉歌人の年収はいくらか　　官位別の給与一覧

| 官位 | 現代の役職 | 年収 | 人数 | 歌人名 |
|---|---|---|---|---|
| 一位左大臣 | 内閣総理大臣 | 4億5,000万円 | 5 | 橘諸兄 |
| 一位 | 閣僚 | 3億6,000万円 | | 藤原豊成 |
| 二位 | | 1億1,000万円 | 8 | 藤原不比等　大伴旅人 |
| 三位 | 政務事官 | 7,300万円 | 30 | 藤原宇合　同房前　大伴家持 |
| 正四位 | 局長 | 4,000万円 | 12 | 大伴駿河麿 |
| 従四位 | | 3,200万円 | 32 | 笠麿　大伴稲公 |
| 正五位 | 知事 | 2,600万円 | 17 | 中臣宅守 |
| 従五位 | 学長 | 1,400万円 | 60 | 山上憶良　大伴三中 |
| 正六位 | 部長 | 680万円 | 8 | 阿部息島 |
| 従六位 | | 600万円 | 2 | 田氏真上 |
| 正七位 | 課長 | 450万円 | 3 | 磐余伊美吉諸君 |
| 従七位 | | 360万円 | 2 | 茨田沙弥麿 |
| 正八位 | 係長 | 320万円 | 1 | 志氏大道 |
| 従八位 | | 290万円 | 0 | |
| 大初位 | | 240万円 | 0 | |
| 少初位 | | 200万円 | 0 | |

（官位は当歌人の最高官位）
『日本サラリーマン事情』（PHP）より

**唐**

14. 唐（中国の当時の国名）の都・長安をお手本にしたといわれています。

**遣唐使（けんとうし）**

　　遣唐使の影響かもしれません。

15. 710年　元明天皇

16. 遣唐使

　　630年に第一回遣唐使が送られました。使節は犬上御田鍬（いぬがみのみたすき）と薬師恵日（くすしのえにち）でした。

この前は，中国が隋（ずい）という国でしたから，遣随使といわれていました。これは，聖徳太子が始めました。

**鑑真（がんじん）**

17. 鑑真

　　752年，6回目にようやく日本へ到着しました。

**菅原道真（すがわらみちざね）**

18. 菅原道真

19. 中国からのお土産として天皇にわたり，それが，正倉院に入れられたのでしょう。

**正倉**

20. 全国にありました。

　　「正倉」というのは，国分寺などの倉庫のことをいいます。

　　ところが，平安時代以後，この正倉がなくなり，東大寺の「正倉」だけが残ったのです。それで，固有名詞のようになったのです。

　　正倉院とは，もとは倉庫のある区画のよび名だったのが，いつの間にか建物の名になったのです。

21. 正倉も正倉院も，全く同じものです。

| | |
|---|---|
| 15問以上できた人 | A級 |
| 9〜14問できた人 | B級 |
| 8問以下の人 | C級 |

## ⑨ 問題　十二単衣から何が見えるか

Q₁　この女の人が着ている美しい着物を何といいますか。どうして
このような着物を着たのでしょう。

Q₂　女の人がこのような着物を着ていた時代は，何という時代ですか。

Q₃　本などで調べて，着物，扇，建物，庭などを，美しく着色しな
さい。

Q₄　この女の人は，どうして右手に扇をもって顔をかくしているの
ですか。そのわけを書きなさい。

Q₅　当時の貴族の女の人は，どんな化粧をしていましたか。

Q₆　どうして笑うこともできないような厚化粧をしたのですか。

Q₇　当時の美人の条件は，三つありました。それは，どんなことで
しょう。

Q₈　髪の長さの日本記録をもっている女性がいました。その人の髪
の長さはどのくらいだったでしょう。

Q₉　この女の人は廊下を歩いています。これは当時の貴族の住んで
いた家です。このつくりを何といいますか。

Q₁₀　この家のしき地（屋しき）の広さは，どのくらいだったでしょう。

Q₁₁　この家と同じつくりの建物が，10円銅貨にデザインされてい
ます。これは，何という建物ですか。

Q₁₂　10円銅貨の建物は，現在も残っていますか。

Q₁₃　残っているとすれば，何県ですか。

Q₁₄　10円銅貨の建物をたてた人は，何という人ですか。

Q₁₅　この時代の貴族の家に，トイレはあったでしょうか。もしな
かったとすれば，どうしていたでしょう。

Q₁₆　当時の貴族が好んで行った遊びを何といいますか。

Q₁₇　美しい着物を着て，大きな家に住んでいた上流貴族は，何人く
らいいたでしょう。

Q₁₈　貴族たちの寿命は，どのくらいだったでしょう。

Q₁₉　貴族たちの死因の主なものは，どんな病気でしたか。

Q₂₀　貴族たちは，どうしてこれだけ大きな屋しきにすみ，美しい着
物をきて，優雅な生活ができたのですか。

Q₂₁　貴族の年俸は，いくらくらいだったでしょう。

Q₂₂　この時代，最もさかえ，権力をもった貴族は，何という「氏」
ですか。

Q₂₃　この氏が，権力をもったときうたったうたを書きなさい。

Q₂₄　この氏は，朝廷のどんな地位につきましたか。

Q₂₅　当時の都の名まえを何といい，どこにありましたか。

Q₂₆　ここに都を移したのは，何という天皇ですか。

Q₂₇　どうしてここに都を移したのですか。

Q₂₈　この前の時代の都は，どこにあり，何という都でしたか。

Q₂₉　藤原氏のあと勢力をのばしたのは，何という「氏」ですか。

Q₃₀　藤原氏がさかえたこの時代に，新しい文化が生まれました。こ
の文化を何といいますか。

Q₃₁　貴族の優雅な生活を書いた世界的な物語を何といい，書いた人
を何といいますか。

Q₃₂　十二単衣からどんなことが見えるでしょう。

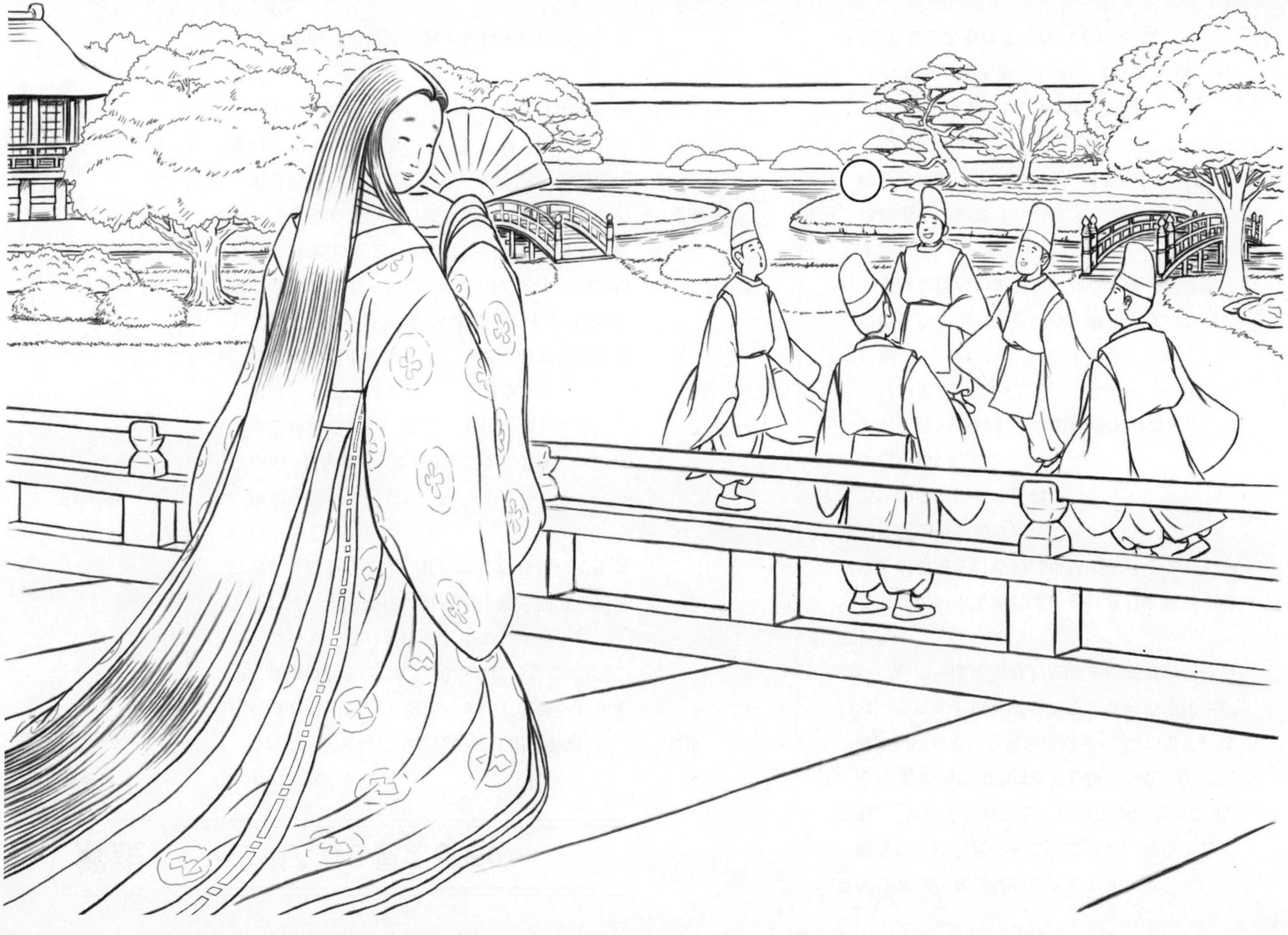

| | 解説 | 十二単衣から見えるもの |
|---|---|---|

**〈基礎用語〉**

十二単衣
（ひとえ）

平安時代

貴族

寝殿 造
（しんでんづくり）

1. 十二単衣

　これは，平安時代の女性の儀式用の着物です。
12枚はおろか26枚も着た，という記録があります。着物の厚さだけで，16.5cmにもなりました。

　どうして，これだけ着たのでしょうか。

　それは，平安時代は気候的に寒冷期で，相当に寒かったからです。ぜいたくからだけで生まれたものではないのです。

2. 平安時代

　平安京に都があったので，こうよばれています。

3. 十二単衣らしく，美しく着色しましょう。

　庭は，うすい緑でいいでしょう。

4. ごてんの廊下を歩くときなど，扇で顔をかくしているのは，自分が何かおかしいものをみて，笑い出すとこまるからです。扇のもう一つの用途は，すわったときなどに，手が着物の中に入ってしまわないようにするためです。

5. 笑うとどうしてこまるかというと，当時の化粧は，ねったおしろいをヘラで厚く顔にぬりつけており，時間がたつとかわいてはげおちるのです。

　これを防ぐために，大きな口をあけたり，ゲ

ラゲラ笑ったりしなかったのです。

　彼女たちは，食べることよりも，笑うことよりも，「美しくあること」に命をかけたのです。

6. それは，当時の建物はとても暗かったからです。

　貴族が住んでいた家を寝殿 造（しんでんづくり）といいます。これは，やたらと広いばかりで，きわめて採光が悪く，いつもぼんやりした暗さにおおわれていました。

　こんな暗い中であれば，くっきりと目立つ肌の白さが尊重されるのは当然です。そこで，徹底的に顔を白くぬったのです。

7. 当時の美人の三条件は，

　①色が白いこと。

　②おしろいをぬる顔の面積が広いこと。

　③髪が黒く，長いこと。

でした。

8. 髪の長さ7m——という，ギネスブックにのれそうな女性がいました。村上天皇の女・芳子です。

9. 寝殿造といいます。

10. 寝殿造の屋しきの広さは，およそ1辺が100mくらいで，

　　$100 m × 100 m = 10,000 m^2 = 1 ha$

　1ヘクタールもあったのです。運動場でも，1 haあるところはすくないでしょう。

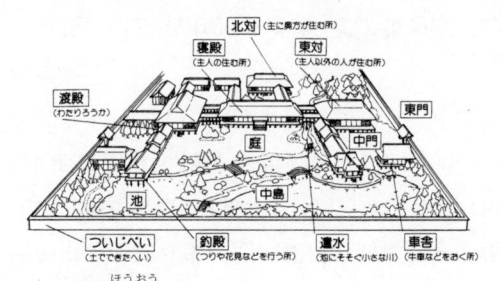

11. 平等院鳳凰堂

    鳳凰という空想上の鳥が、羽を広げたような形の建物です。

12. 残っています。

13. 京都府の宇治

14. 藤原道長の子・藤原頼道が平等院の阿弥陀堂として建てました。

15. 平安時代の宮殿や寝殿造には、トイレと名のつくものは、いっさいありませんでした。みかけは広くて立派ですが、トイレすらない不完全な建物だったのです。

    では、どこで大便や小便をしたのでしょうか。

    「まり箱」（樋箱ともいう）にいったん出し、これを鴨川にすてにいったのです。

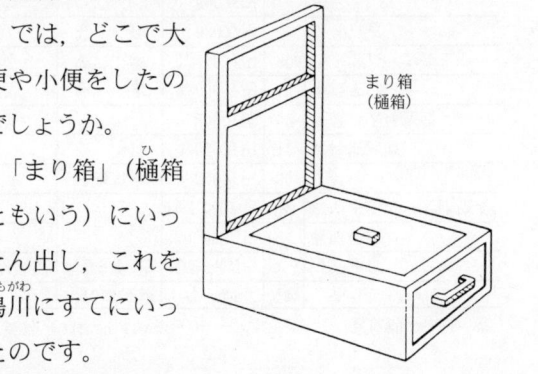

鴨川は、当時、大便や小便だけでなく、死体すらすてる川だったのです。

後になって、まり箱を建物の床にはめました。これが日本式便所のはじまりです。室町時代の書院造の建築様式が完成してからのことです。

16. けまり

    ひもをまいてつくったまりを、足でけって遊びます。

17. 時代により多少人数はちがいがあります。大体、70～100人くらいでした。

平均寿命

18. 貴族の平均寿命は、男32才、女27才くらいでした。

    何とも早死ですね。

19. 貴族たちの死因ベストスリーは、

    ① 肺結核　55％
    ② 脚気　20％
    ③ 皮膚病　10％

でした。これは、栄養失調系の病気です。貴族が栄養失調とはね。

荘園

20. 朝廷からもらう俸給と、荘園から入ってくる収入で、ばく大な金額になったからです。

21. 官位ナンバーワンの左大臣（今の内閣総理大臣）の年俸は、およそ4億5,000万円もありました。前にも出しましたがもう一度表を出しておきます。

万葉歌人の年収はいくらか　　　官位別の給与一覧

| 官 位 | 現代の役職 | 年収 | 人数 | 歌 人 名 |
|---|---|---|---|---|
| 一位左大臣 | 内閣総理大臣 | 4億5,000万円 | } 5 | 橘 諸兄 (たちばなのもろえ) |
| 一位 | 閣　僚 | 3億6,000万円 | | 藤原豊成 |
| 二位 | | 1億1,000万円 | 8 | 藤原不比等　大伴旅人 |
| 三位 | 政務事官 | 7,300万円 | 30 | 藤原宇合 (ふじわらのうまかい) 同房前　大伴家持 |
| 正四位 | 局　　長 | 4,000万円 | 12 | 大伴駿河麿 |
| 従四位 | | 3,200万円 | 32 | 笠麿　大伴稲公 |
| 正五位 | 知　　事 | 2,600万円 | 17 | 中臣宅守 |
| 従五位 | 学　　長 | 1,400万円 | 60 | 山上憶良　大伴三中 |
| 正六位 | 部　　長 | 680万円 | 8 | 阿部息島 (あべのおきしま) |
| 従六位 | | 600万円 | 2 | 田氏真上 (でんしのまかみ) |
| 正七位 | 課　　長 | 450万円 | 3 | 磐余伊美吉諸君 (いわれのいみきもろきみ) |
| 従七位 | | 360万円 | 2 | 茨田沙弥麿 (まんたのさみまろ) |
| 正八位 | 係　　長 | 320万円 | 1 | 志氏大道 (しのおおみち) |
| 従八位 | | 290万円 | 0 | |
| 大初位 | | 240万円 | 0 | |
| 少初位 | | 200万円 | 0 | |

(官位は当歌人の最高官位)
『日本サラリーマン事情』(PHP) より

これに対し, 農民の年収は, 左大臣の250分の1くらいだったのです。

22. 藤原

藤原氏。大化の改新に活躍した藤原鎌足の子孫。藤原氏は天皇と姻戚関係にあり, 朝廷の政治の中心となりました。朝廷の高官の中で藤原氏の占めた数は, 866年5 (14), 887年5 (14), 969年11 (18), 1017年20 (24), 1065年18 (25), 1072年17 (25), 1106年12 (26)。( ) は高官の総数。

道長の頃24名中20を占め「この世をば　わが

摂関政治

世とぞ思ふ　もち月の　かけたることもなしと思へば」とよんだほど栄えました。

道長は娘たちを皇后にし, 生まれた孫を天皇にし, 自分は摂政となり, ついで太政大臣にもなりました。この政治を摂関政治といいます。

23. 「この世をば　わが世とぞ思ふ　もち月の　かけたることもなしと思へば」

11世紀のはじめ, 藤原道長がよんだ和歌です。

24. 摂生や関白

25. 平安京　京都

当時の都は京都にあり, 平安京とよばれました。平安京は, 東西4.5km, 南北5.2km (面積23.4km²) の長方形で, 内部は碁盤の目状に区画されていました。

中央の朱雀大路は, 幅が84mもあり, その他の小さな道でも12mの幅がありました。

人口は約10〜15万人 (当時の日本の人口約一千万人)。120m四方を道路で囲んだ区画を「町」といい, 上級貴族の屋敷はこの一町分, あるいはこれ以上の広さでした。下級役人の宅地は10分の1から20分の1程度でした。

26. 桓武天皇 (かんむ) が, 794年に移しました。

27. 僧の力が強い奈良をはなれ, 律令 (りつりょう) 政治をたてなおすために移しました。

28. 奈良, 平城京

日本風文化
（国風文化）

29. 平氏
30. 日本風文化（国風文化）

　　国風文化（日本風文化）といいます。遣唐使が中止され，唐風→国風になったこともあるでしょう。しかし，日本の貴族の収入の高まりと共に教養も高まり，危険をおかしてまでも大陸文化を輸入する必要がなくなったから遣唐使を中止したとみた方がよさそうです。大陸文化があくまでも必要ならどんな危険をおかしても行ったはずです。

　　894年に廃止されたことは，日本文化の高まりがあり，国風文化を成立させていたとみるのが適当です。貴族の豊かさが生んだ文化といってよいでしょう。

31. 源氏物語，作者は紫式部。平安時代の代表的な物語文学で，世界的にも有名です。54帖の長編物語で，400字づめ原稿用紙にすると2,500枚くらいです。

32. 「源氏物語絵巻」の絵は，実に多くの内容を含んでいます。

　　イラストをよく見ると，この女性は右手に扇をもっています。これは右側の庭に面白いことがおこり，これを見て笑ったら大変だから，面白いものを見ないように「目かくし」をしているのです。

　　それは，当時の化粧が原因であるし，窓もトイレもない当時の宮の造りが原因です。

　　つまり，このイラストから平安時代の化粧や貴族の女性の生活ぶり，寝殿造の様子などが見えてきます。

| | |
|---|---|
| 21問以上できた人 | A級 |
| 11～20問できた人 | B級 |
| 10問以下の人 | C級 |

## ⑩ 問題 御家人の屋敷から何が見えるか

Q₁ この絵の季節は，春・夏・秋・冬のいつですか。季節をきめて，色をぬりなさい。

Q₂ どんなことをもとにして，季節をきめましたか。キメ手にしたものを具体的に書きなさい。

Q₃ そのほかの武士たちは，広い屋しきの中で，どんなことをしていますか。

Q₄ 武士たちは，合戦（当時は戦争のことをこうよんでいた）もないのに，どうしてこんなことをしているのですか。

Q₅ やぐら門のところに武士がいますが，この2人は何をしているのでしょう。

Q₆ へいの外側に，1人の武士がいますが，この人は何をしているのでしょう。

Q₇ おもな武器は，何と何ですか。

Q₈ この武士の，ななめうしろの廊下に立っている武士は，何をしているのでしょう。

Q₉ 当時の武士は，どんなすわり方をしていますか。

Q₁₀ おも屋の廊下や部屋は，畳じきですか，板じきですか。

Q₁₁ 屋根は，何でふいていますか。

Q₁₂ 屋しきのまわりに堀があるのは，何のためですか。

Q₁₃ 障子は，このころありましたか。

Q₁₄ 屋しきのまわりに，じょうぶなへいがあります。これは何のた
めですか。

Q₁₅ 屋しきは，寝殿造より広いですか，せまいですか。

Q₁₆ この屋しきでは，「いざ鎌倉」にそなえて，三つのことを実行しています。それはどんなことですか。

Q₁₇ このころは二毛作ですか，それとも，単作ですか。

Q₁₈ 動物を農耕に使うようになりました。どんな動物を使っていますか。

Q₁₉ 米つくりは，じかまき法ですか，田植え法ですか。

Q₂₀ このころ，新しい肥料（こやし）をつかい始めました。それはどんなものですか。

Q₂₁ このころの麦かりは，穂だけかりとっていましたか。それとも，根元からかりとっていましたか。

Q₂₂ 用水路がつくられていることから，米づくりがどうなっているといえますか。

Q₂₃ 山のふもとに，三重の塔や神社らしい建物がみえます。その手前に農家らしいそまつな家がみえます。竪穴式住居もみえます。これらのことから，どんなことがわかりますか。

Q₂₄ 手前の通りを通る人の服そうは，みんな同じですか。ちがいますか。

Q₂₅ 平安時代にできた「はきもの」をはいている人がいます。それは，どんなはきものでしょう。

Q₂₆ この時代の武士は，「専業」ですか。それとも「兼業」ですか。もし「兼業」ならば，何と何を兼業していたのでしょう。

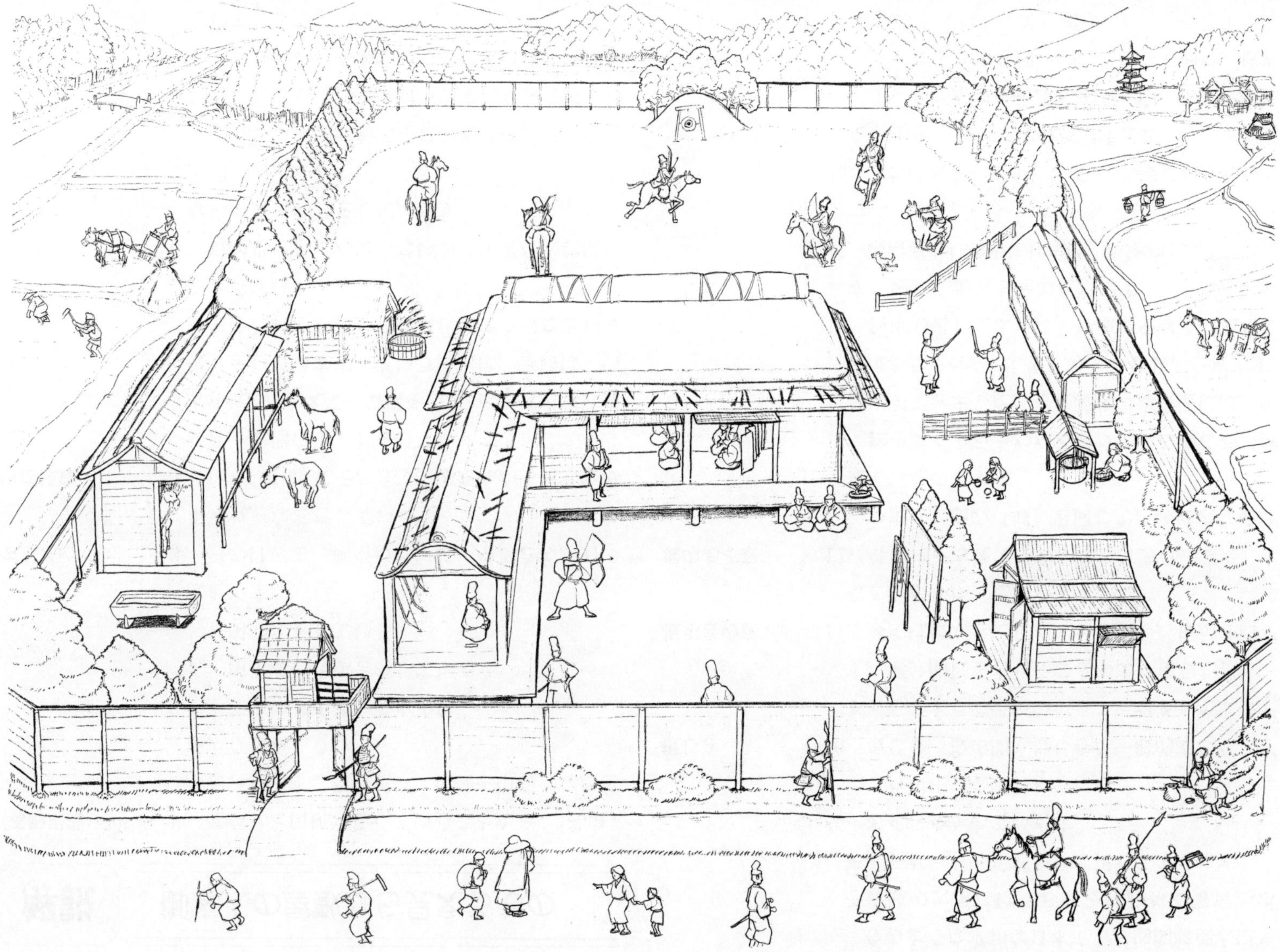

| | |
|---|---|
| **解説** | 御家人の屋敷から見えるもの |

〈基礎用語〉　　1．麦かりと田植えをしていることから，「初夏」
　　　　　　　　　　だといえます。春らしい，黄緑を中心とした色
　　　　　　　　　　をぬりましょう。
　　　　　　　　2．季節のキメ手になるものは，
　　　　　　　　　　・田んぼの代かきをしている
　　　　　　　　　　・田植えをしている
　　　　　　　　　　などです。

やぶさめ　　　　3．弓のけいこ，剣術のけいこ，やぶさめ，刀の
　　　　　　　　　　手入れ，などをしています。

いざ鎌倉　　　　4．「いざ鎌倉」にそなえて，ふだんから武芸をみ
　　　　　　　　　　がき，武器の手入れをしています。

　　　　　　　　5．外敵にそなえて，警備をしている。または，見
　　　　　　　　　　張りをしています。ということは，当時は，い
　　　　　　　　　　つおそわれるかわからない状態であったという
　　　　　　　　　　ことです。

　　　　　　　　6．敵がまぎれこんでいないか，不審な人物はい
　　　　　　　　　　ないか見まわりをしています。

　　　　　　　　7．弓，刀，やり
　　　　　　　　　　こういう武器が絵の中にみえます。

　　　　　　　　8．廊下に立っている人は，完全に警備です。
　　　　　　　　　　いつおそわれるかわからないという状態だっ
　　　　　　　　　　たのでしょう。

板じき

板ぶきの家

堀のある家

今のような平和な日本でも，内閣総理大臣や
その他の大臣には，ＳＰといわれる警官がボ
ディーガードとしてついてまわっています。

9．あぐらをかいています。
　　これが正式なすわり方でした。

10．板じき，板の間　板じきが一般的でした。ざ
　　ぶとんのように畳をつかうことがあったようで
　　す。部分的に畳をしくことがありました。

11．多くは板ぶきでした。かき根も，板がきにす
　　ることが多かったようです。

12．外敵にそなえて，堀がほってありました。
　　　つまり，後の「城」と同じで，常に敵にそな
　　えていたのです。

13．絵をよくみるとわかるように，このころ「障
　　子」ができました。平安時代の寝殿造には，障
　　子はありませんでした。新しい建具の登場です。

14．何度も書いたように，外敵にそなえるためで
　　す。堀も，番兵もそのためです。

15．寝殿造より相当にせまい。4分の1以下でしょ
　　う。

16．これは大変むずかしい問いです。これがわかっ
　　たら小学生としては最高です。
　　　①　ふだんから武芸をみがいていることです。
　　　　　やぶさめや剣のけいこをしており，武器
　　　　　の手入れもしています。

　　　　　　　馬の手入れもいきとどいているようです。
　　　　　② 池を掘ったり，築山をしたりして，いわゆる「庭」をきずいていないことです。
　　　　　　　これは，庭の中に山をつくったり，多くの木をうえたり，池を掘ったりすると，「いざ鎌倉」で一族郎党が集まったとき，じゃまになるからです。だから，「庭」をつくってはいけないことになっていました。
いざ鎌倉
一族郎党
　　　　　③ 出入口の近くに馬小屋をつくり，できるだけ早くでかけられるように工夫していたのです。
　　　　このほかに，「かき根は当時のおとなの身長より低く造る」か，または，高くなったときは，「下をすかして造る」ことになっていました。
　　　　これは，刺客がかくれるおそれがあるからです。
　　　　こんなきまりのようなものがちゃんとあったのです。すごい工夫ですね。

二毛作
17. このころ，二毛作になりました。
　　　肥料のよいものが工夫されたり，人々の努力で生産を高めるため，二毛作が行われるようになりました。
18. 絵をみればわかるように，牛や馬を農耕につかうようになりました。
19. このころ，田植え法になり，生産が高まりました。

人糞（じんぷん）をこやしに
20. 人糞をこやしとして利用するようになり，生産が高まりました。
21. このころ，いねも根元からかりとるようになり，わらを利用するようになりました。
　　　むしろ，わらじ，ぞうりなどにつかわれるようになりました。

用水路
22. 水の便のよいところだけしか米づくりができなかったのに，用水路がつくられるようになり，田んぼが広くなりました。このため，米の生産が多くなりました。
23. 身分の差，貧富の差が大きくなっていることがわかります。
24. 手前の道路を歩く人々の服そうをみただけで，身分のちがいや，貧富の差が大きくなっていることがわかります。
25. わらのぞうり

半農半武
26. 兼業です。半農半武です。つまり，ふだんは農業をしながら，武芸にはげみ，「いざ鎌倉」のときだけ，武士になるのです。ですから，半農というより，農の方の割合が多かったのです。

| | |
|---|---|
| 22問以上できた人 | A級 |
| 15〜21問できた人 | B級 |
| 14問以下の人 | C級 |

## 11 問題　元寇から何が見えるか

Q₁　この戦いを何といいますか。

Q₂　これは元寇を表わしたものです。文永の役（一回目）でしょうか，それとも弘安の役（二回目）でしょうか。それはどんなことからわかりますか。

Q₃　イラストの右側と左側，どちらが日本軍でどちらが元軍ですか。それはどんなことからわかりますか。

Q₄　まん中あたりに爆発しているようなものがありますが，これは何でしょうか。元軍の使った武器はどんなものでしたか。

Q₅　文永の役（1274），弘安の役（1281）の元軍の戦力（兵の数，船の数）は，どのくらいでしたか。

Q₆　文永の役の結果はどうなりましたか。

Q₇　幕府は，文永の役の後，どんな対策をたてましたか。

Q₈　13世紀ごろ，元の勢力はどのあたりまで広がりましたか。

Q₉　フビライの国書を持って日本にやってきたのは，どこの国の人ですか。また，国書にはどんなことが書いてあり，幕府はどう対処しましたか。

Q₁₀　元寇の後，鎌倉幕府はどのようになりましたか。

Q₁₁　右の表「元軍の構成」からどんなことが見えるでしょう。

|  | 文永の役<br>（1274年） | 弘安の役<br>（1281年） | |
|---|---|---|---|
|  |  | 東路軍 | 江南軍 |
| 船の数 | 900<br>高麗が1〜6月の6か月間に造る | 900<br>高麗が造る<br>船の材料3,000せき分 | 3,500<br>南宋が造る |
| 兵力 | 2万5,000人<br><br>高麗人　1万2,700<br>宋の敗兵<br>女真人（満州）<br>漢人<br>蒙古人（約30人） | 4万人<br><br>高麗人　2万5,000＜兵　10,000／水夫　15,000<br>宋人　南宋人<br>遼（契丹人）　漢人　女真人<br>トルコ人　安南人　蒙古人（140〜150人） | 10万人 |
| 元の損害 | 1万3,500人死亡<br>200せき沈没 | 10万7,000人死亡<br>3,500せき余沈没 | |

元軍の構成

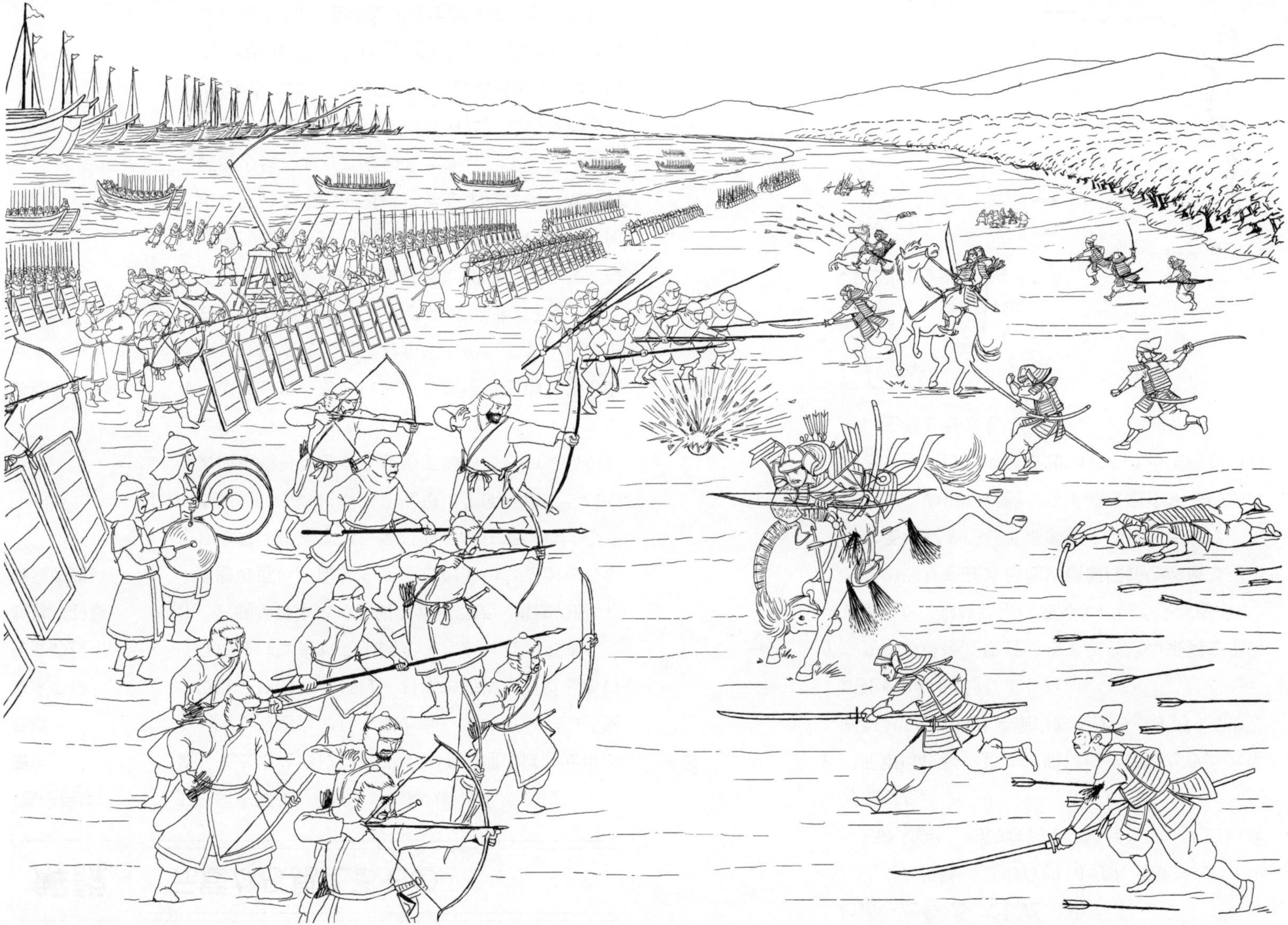

| | |
|---|---|
| **解説** | 元寇から見えるもの |

〈基礎用語〉

蒙古

元寇

文永の役

弘安の役

防塁（石塁）

戦法の違い

鉄砲

1. 蒙古襲来，元寇（文永の役，弘安の役）

2. 文永の役（1274）です。その理由は，元軍が上陸して陸上で日本軍と戦っているから。弘安の役（1281）の時は，日本の防塁（石塁ともいう）にはばまれて上陸できなかったのです。

3. 右側が日本軍で左側が元軍です。戦法の違い，武器の違い，服装やかぶとの違いなどからわかります。日本軍は一騎打ちの戦法でばらばらで攻めているのに対し，元軍は集団戦法でかねや太鼓を鳴らしながら攻めていることからわかります。

4. 爆発しているのは元軍の鉄砲（といっても火薬を破裂させて音で驚かすもの）です。音に馬も兵士も驚いているすきに攻げきするのです。この他，元軍の使った武器は，毒矢，石火矢，投げ槍，長槍，投石器など，日本にないものを使用しています。元軍は世界をまたにかけた百戦錬磨の兵であったといえます。

5. 文永の役の時の元軍の兵力は，兵の数約3万人（蒙古人は30人余で，あとは高麗人1万2,700人，宋の敗兵，女真人〈満州〉，漢人などの征服された人々），船の数900せき（高麗が6か月間に造ったもの）でした。

弘安の役は，兵の数約14万人（蒙古人は140～150人余），船の数約4,400せきで，すごい兵力でした。

夜襲

6. 元軍は夜襲を恐れて船に引きあげた夜，大暴雨がおこり200せき余の船が沈み，1万3,500人が死亡し，退却しました。

7. 文永の役後，使者がきて二度目の来襲を予告しました。執権時宗はあくまで戦う決意を示し，九州の守りを強めるため鎮西探題を設置し，弟の北条実政を任じて軍事力を強化しました。また，文永の役の経験から上陸を阻止するのがよいとして，博多湾岸に20kmにわたって防塁（石塁）を築かせました。

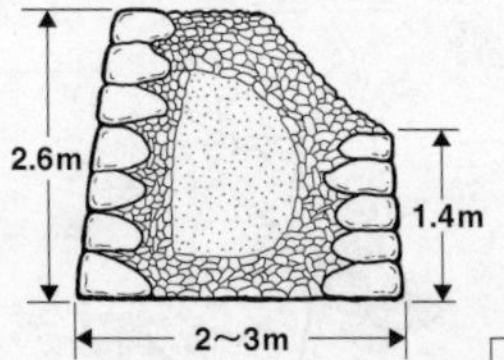

8．元の勢力は最大の時，アジア一帯に及びました。

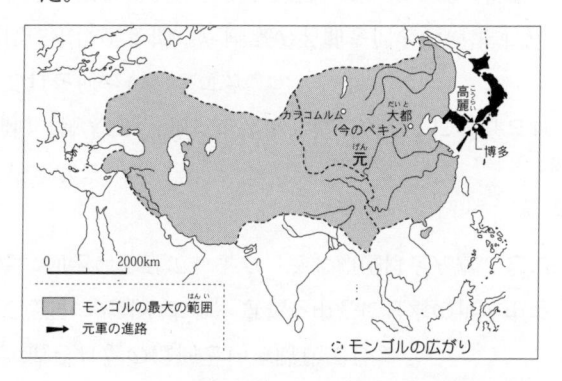

モンゴルの広がり

フビライ

9．フビライの国書を持ってきたのは高麗人等です。1268年に初めて国書を持ってきて，以後3回とあわせ，合計4回，日本の入貢を求めてきました。

つまり，元は日本に対して服従するように要求してきたのです。いやだというなら武力で攻めることになる，日本の王よどちらがよいかよく考えなさいといったものでした。

幕府は，1275年の使者5人（モンゴル人，漢人，高麗人他）を鎌倉で斬り殺しました。

10．ほうびをもらえなかった武士や，戦いで財産を使った武士は幕府に不満をいだくようになり，「奉公」しなくなり，幕府の力はおとろえていきました。

奉公

元軍

11．「元軍の構成」をみると，元（蒙古）が征服したところの兵士を，「元軍」として日本に連れてきて戦わせています。

もともとの蒙古人は，文永の役，弘安の役ともにわずかしかいません。

それに，船の知識に乏しい元軍は，高麗にわずか6か月で900せきもの船を造らせています。これでまともな船が造れるわけがありません。

ということで，元軍の敗因は，軍の構成そのものにあったといえます。

戦う意識に乏しい征服された兵，欠陥だらけの船では勝てなかったといえます。また，台風シーズンにやってきたことは，元軍は地理の勉強不足といってもよいでしょう。

| | |
|---|---|
| 7問以上できた人 | A級 |
| 4〜6問できた人 | B級 |
| 3問以下の人 | C級 |

— 53 —

## ⑫ 問題　金閣・銀閣から何が見えるか

Q₁　(A)(B)は，何という建物ですか。

　　それは，どんなことからわかりますか。

Q₂　(A)(B)は，それぞれ西暦何年に建てられましたか。

Q₃　(A)(B)を造ったのは，それぞれ何という将軍ですか。

Q₄　(A)(B)は，京都のどこに建てられましたか。

Q₅　(A)(B)を中心とした文化を，それぞれ何といいますか。

Q₆　(A)は三階建になっています。それぞれの階にはどんな特徴があ
　　るでしょう。

Q₇　次の①②は，(A)(B)のどちらを表わしているでしょう。

　　①華麗──華やかで美しさを表わしている。

　　②わび・さび──落ち着いた雰囲気を表わしている。

Q₈　(A)(B)の建物が造られたのは何という時代でしょう。

Q₉　(A)と(B)を建てた間に大乱があり，京都を中心に日本の世の中を
　　ゆさぶりました。何という乱でしょう。その原因はどんなことで
　　したか。

Q₁₀　次の問いに答えなさい。

　　①「一寸法師」「桃太郎」「物ぐさ太郎」などが人々に愛好され
　　　ました。これを何といいますか。

　　②　この時代に水墨画を描いた画家の名前を何といいますか。

　　③　現在の日本建築のもとになった障子・襖・床の間・畳など
　　　のある建物の様式の名を何といいますか。

④　観阿弥・世阿弥によって確立された芸能の名を何といいま
　　すか。

Q₁₁　現代に伝わる室町時代の文化にはどんなものがありますか。

Q₁₂（A）（B）の建物から，どんなことが見えますか。

---

**室町時代の文化を考えるときのポイント５つ**

1. 武士の文化と公家の文化がまじり合ってできている文化で
   ある。

2. 臨済宗・曹洞宗といった禅宗の影響が強く入っている文化
   である。

3. 今の日本の文化のもとになっているものが多い文化である。

4. 戦乱があったにもかかわらず，静かで落ちついた文化であ
   る。

5. 応仁の乱を契機として戦国時代の戦乱によって，都の文化
   が地方に広がった文化である。

(A)

(B)

— 56 —

| | |
|---|---|
| **解説** | ## 金閣・銀閣から見えるもの |

〈基礎用語〉

金閣

銀閣

1．(A)が金閣──三階建になっており，美しい建物です。前に広い池があります。

(B)が銀閣──二階建で，二階が禅宗風な造りになっています。

2．(A)　金閣──1397年

(B)　銀閣──1483年

足利義満

足利義政

3．(A)は足利義満が今の金にして，675億円（米一石─150kgが一貫文で買えた時代に100万貫）もの大金（当時の国の予算の3分の1という）をつぎ込んで造りました。この金はどこから入手したかというと，一つは日明貿易で，日本から持って行くときの値段の4倍から20倍という大きな利益を得たのです。もう一つは大名たちからの寄付でした。(B)は足利義政が建てました。

4．(A)金閣は，京都の北山。金閣は今の鹿苑寺（ろくおん）のなかの一つの建物です。(B)銀閣は，京都の東山に建てた義政の別荘です。銀閣は慈照寺の観音殿で潮音閣ともよばれる書院造です。

書院造

北山文化

東山文化

5．(A)金閣を中心とした文化を北山文化といい，(B)銀閣を中心とした文化を東山文化といいます。それぞれ，建てられた場所の名前をとってつけられました。

禅宗

6．金閣は一階が公家のすまいの寝殿造，二階は武家造，三階は禅宗風の造りになっています。内外に金ぱくがはってあったため，金閣とよばれました。

なお，銀閣は一階が書院造，二階は禅宗風の造りになっています。表面に銀ぱくをはる計画でしたが，実際にははられませんでした。金がなくてはれなかったのです。二つの建物から，当時の建物やそれ以前の建物の特徴が見えるし，文化の違いが見えます。

7．①──(A)　②──(B)

武家文化

室町時代の武家文化というのは，「武家文化＋公家文化＋禅宗文化」であり，禅宗の影響が大きいといえます。

戦国時代

8．室町時代（1338年～1573年）。後半は戦国時代です。

応仁の乱

9．応仁の乱。足利八代将軍義政の養子義視（よしみ）と実子義尚（よしひさ）の相続争いと，管領家畠山・斯波（しば）氏の相続争いと，細川勝元と山名宗全の勢力争いが重なっておこった内乱。1467年～1477年まで11年も続き，京都は焼け野原になりました。結局，どちらも敗れたといえます。

おとぎ草子

10．①　おとぎ草子──今でも絵本などになって読まれています。

②　雪舟──中国に渡って勉強し，日本各地

を旅して水墨画を描きました。
③　書院造──（下のイラストのようになっています）

能

④　能楽──猿楽から発達し，観阿弥親子が「歌謡＋はやし＋所作（舞）＋劇的構成」に完成。

銀閣の近くにある東求堂の一室
（ちがいだな／しょうじ／ふすま／たたみ／床の間）

11. 現代のわたしたちの生活の中で「ならわし」といわれているものは，室町時代に始まったものが多いようです。

茶の湯
生け花

能，茶の湯，生け花，ひなまつりなどは室町時代から現代まで続いているものです。

日本式の家の造りも，室町時代に始まっています。

一方，「下剋上」といって，下の者が上の者に勝つというどんでんがえしが行われるようになったのも室町・戦国時代です。

昨日まで家来だった人が，今日は主人をやっつけて自分が主人になるといったことが行われたのです。

「一寸法師」のお話は，まさにこのような世の中の風潮をよくあらわしたものです。

守護大名

12. 足利義満は，権力をにぎると京都の北山に大きな別荘を造りました。全国の守護大名に手伝わせ，ばく大な費用をかけて造りました。これが金閣です。義政は，応仁の乱のあと，京都の東山に銀閣を中心にした別荘を造り，ここで芸術家たちと交流しました。

権力をにぎると，人間は大きな建物を造り，権力を形にして見せたくなるものらしいです。権力者の多くは大きな建造物を造りました。

| 7問以上できた人 | A級 |
| 4〜6問できた人 | B級 |
| 3問以下の人 | C級 |

## 13 問題　長篠の戦（戦国時代）から何が見えるか

Q₁　これは，「長篠の戦」の絵です。
　　資料集や参考書などをみて，本物のように色をぬりなさい。

Q₂　この右側は，武田軍ですか。
　　それとも，織田・徳川の連合軍ですか。

Q₃　この長篠の戦は，西暦何年の5月21日（新暦7月9日）午前6時に始まりましたか。

Q₄　武田の騎馬隊は，総勢何人くらいいましたか。

Q₅　織田・徳川の連合軍は，合計何人くらいでしたか。

Q₆　長篠の戦の絵で，一番美しく，しかもよく目立つのは，何ですか。

Q₇　武士たちは，背中やこしに旗をつけています。戦いにくいのに，どうして旗をつけているのですか。何か目的があったのでしょうか。

Q₈　旗には，どんなことが書かれていましたか。

Q₉　この戦いは，鉄砲を使った戦として有名です。
　　この鉄砲を何といいますか。

Q₁₀　ここに使われている鉄砲の有効距離は，どのくらいだったでしょう。

Q₁₁　当時の弓の名人の有効距離は，どのくらいだったでしょう。
　　当時の鉄砲と，どちらが遠くまでとんだでしょう。

Q₁₂　鉄砲でうっているところからうたれて倒れているところまでの距離は，どのくらいだといえますか。

Q₁₃　鉄砲1挺の値段は，現在のお金になおして，どのくらいしたでしょう。

Q₁₄　信長は，3,000挺の鉄砲をこの戦につかいました。これを買うのに全部でいくらくらいかかったでしょう。

Q₁₅　信長は，このお金をどうしてあつめたでしょう。

Q₁₆　鉄砲が日本に伝わったのは，西暦何年ですか。

Q₁₇　日本のどこに，どこの国の人が伝えましたか。
　　日本地図をかいて，その場所を示しなさい。

Q₁₈　長篠は，今の何県ですか。
　　長篠を，日本地図の上にあらわしなさい。

Q₁₉　信長は，3,000挺の鉄砲を1,000ずつの3隊に分けました。
　　それは，どうしてですか。

Q₂₀　当時の火縄銃は，玉をこめるのに，どのくらいの時間がかかりましたか。

Q₂₁　武田の騎馬隊が，自軍の陣地から，織田・徳川の連合軍の柵あたりまでせめこむのに，どのくらいの時間がかかったでしょう。

Q₂₂　まん中に小さな川が流れています。
　　この川の名は何といいますか。

Q₂₃　川の左側に，柵をつくっていますが，この柵のことを何といい，何のためにつくったのですか。

Q₂₄　織田信長は，柵をつくる木をどこから運びましたか。
　　また，なわはどうしましたか。

Q₂₅　柵と川の間に「みぞ」のようなものを掘りました。（この絵にはみえませんが）この「みぞ」のようなものを，何といいますか。

Q₂₆　「みぞ」は，何のために掘ったのですか。

Q27　結局, この戦いは, どちらが勝ったのですか。
Q28　戦いは, 午前6時から, 何時ころまで続きましたか。
Q29　戦いのあった5月21日（新暦7月9日）の天気は, 晴ですか, くもりですか, 雨ですか。
Q30　もし, この日が「雨」だったら, どうしたでしょうか。
　　①　合戦を中止した
　　②　雨でも戦った
　　③　話し合いでどうするか決めた
　　④　雨天順延にした
Q31　戦国時代の合戦には, はだかの武将や, ちぐはぐなかっこうをした武将が時々いるのは, どうしてですか。
Q32　鉄砲の玉を防ぐのに, 当時の人々は, どのような工夫をしましたか。
Q33　戦場になった地域の農民たちは, どこへにげましたか。
Q34　農民たちは, 合戦でアルバイトをしたといわれます。どんなアルバイトをしたのでしょう。
　　①　けがをした人を手あてして, あとでお金をもらった。
　　②　にげようとする人をかくまってやり, お金をもらった。
　　③　合戦の手伝いをして, お金をもらった。
　　④　合戦で死んだ人のよろいやかぶと, 刀などをとって, あとで売った。
　　⑤　武器や食料などを運んでやり, お金をもらった。
Q35　武田の「騎馬隊」といわれますが, 馬の数は, 全体の何パーセントくらいいたでしょう。
　　①　12％
　　②　20％
　　③　30％
　　④　41％
Q36　武田の騎馬隊は「天下無敵」といわれていました。どうして強かったのでしょう。
Q37　織田軍や徳川軍は, 馬の数は, 何パーセントくらいでしょう。
Q38　武田軍は, どうして鉄砲をつかわなかったのでしょう。
Q39　鉄砲が日本に伝わってから, またたく間に広まりました。それはどうしてですか。
Q40　当時の鉄砲の主な生産地はどこですか。

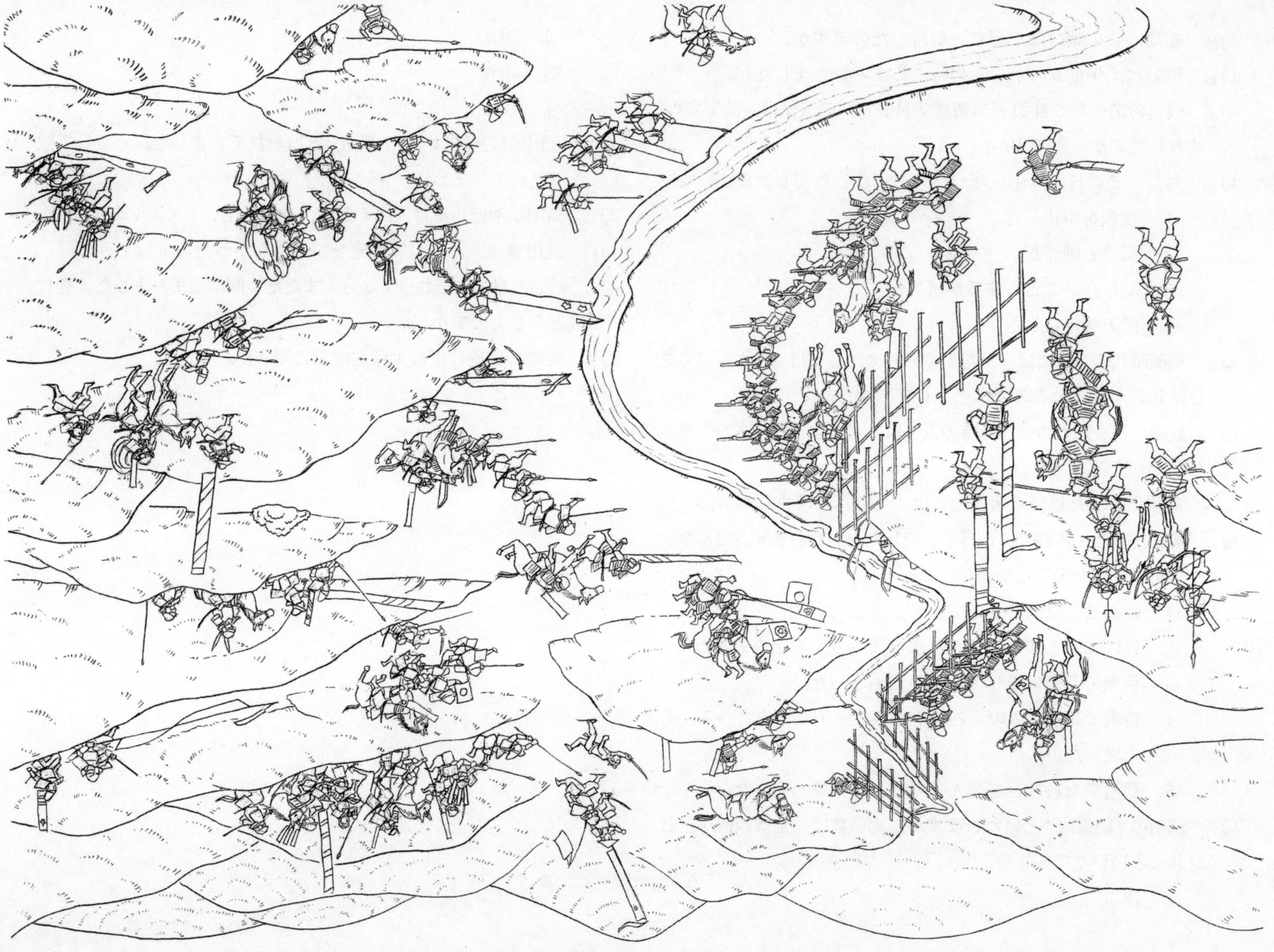

| **解説** | 長篠の戦（戦国時代）から見えるもの |

〈基礎用語〉

武田軍
　1万5,000

織田・徳川連合
軍　4万

軍目付（軍奉行）
いくさめつけ　ぶぎょう

1. 全体が茶色っぽい。旗を美しくぬるのがコツです。
2. 右側が武田軍
　　左側が織田・徳川の連合軍
3. 1575年（天正3年）
4. 武田軍は1万5,000人
5. 織田・徳川連合軍は4万人
6. 旗です。
　　何も考えないで、パッとみると旗が目につきます。鉄砲のことを知っていると、鉄砲が目につくかもしれません。
7. 敵と味方を区別する——ということだったら、こんなにたくさん、しかも、こんなに目立つものは必要ないでしょう。
　　どうしてかというと、旗は「戦場の花」であり、ひとりひとりの武将の戦いぶりを「勤務評定」している軍目付（軍奉行ともいいます。戦場のよくみえる高台にいて、ノートと筆をもって、武将たちの戦いぶりをメモするのです。プロ野球の選手の査定と同じで、これでほうびがきまるのです）の目にとまるようにするための、一種の宣伝広告なのです。

家紋
かもん

合戦
源氏
平氏

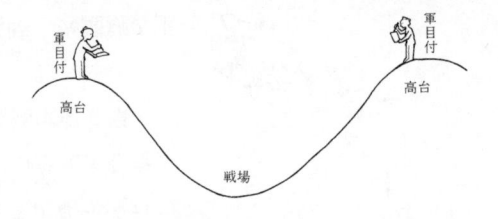

だから、なるべく他人とちがった目立つ旗を工夫したのです。このため、派手な旗が戦場に登場するようになったのです。

8. 旗には「家紋」が書かれています。
　　これは、平安時代の貴族が、宴会の折などに、自分の牛車が一目でわかるように、ふじ・きり・たちばな・かきつばた・つたなどの植物をあしらってつけたのが始まりです。
　　これが、武士の世の中になると、家紋は戦場での旗や幕、楯などにつけられ、持ち主をきわだたせる効果をあげたのです。
　　一家一門に一つの家紋がきまるのは、鎌倉中期といわれています。
　　この合戦用の旗は、源平の合戦のころは、敵味方をみわけるため、紅旗、白旗をたててたたかっていました。源氏の白旗、平氏の紅旗です。
　　これが、今でも運動会などに引きつがれ、紅白の対抗となっています。おもしろいことですね。
　　この紅白の旗が、「家」と「ほうび」の関係で、

個人の旗が工夫されるようになったのです。

**火縄銃** (ひなわじゅう)

9. 火縄銃

10. 300mくらいとんだようですが，有効射程距離，つまり，確実にあたる可能性のある距離は，80〜100mくらいでした。

現在，暴力団などがつかっているピストルの有効距離は，50mくらいというから，火縄銃もなかなか性能がよかったといわねばならないでしょう。

**三十三間堂**

11. 京都の三十三間堂は，よこ128mあります。これを弓で射ぬいた人が何人もいたというから，弓の名人より，当時の火縄銃の方が有効距離はみじかかったといえます。

12. 火縄銃の有効射程距離から考えると，100mくらいだと考えられます。

火ばさみ　火ぶた(閉じたとき)
つつ(銃身)
引き金　台木　かるか
長さ約1m
重さ約4kg

**秀吉**

13. 秀吉のころで，小型の六匁玉銃で米9石，三十匁玉銃になると米40石もしているのです（『鉄の考古学』）。ものすごく高価です。

わかりやすく，現在の金額に直してみましょう。

かりに米1石を6万円として計算してみます。

・六匁玉銃1挺　6万円×9＝54万円

・三十匁玉銃1挺　6万円×40＝240万円

これを3,000挺つかったというのだから

・六匁玉銃　54万円×3,000＝16億2,000万円

・三十匁玉銃　240万円×3,000＝72億円

どちらをつかったかよくわかりませんが（まじっていたかもしれませんが），いずれにしても大変な金額になります。

14. とにかく大変な金額です。

上の計算のように，六匁玉銃が3,000挺とすれば16億2,000万円，三十匁玉銃が3,000挺とすれば72億円です。

**信長**
**楽市楽座**
**堺**

15. 信長は，楽市楽座（だれでも自由に市で商売し，座の人でなくても出入りできる制度）の制などで商人を引きつけ，また，堺などと仲よくして金をあつめました。

16. 1543年9月23日（天文12年8月25日）

**種子島**

17. 日本の種子島（鹿児島県）に，ポルトガル人の船が流れつき，つたえました。

18. 長篠は愛知県

19. 20. 21.

当時，火縄銃の玉

騎馬隊　　　づめは，名人といわれる人で15〜20秒かかり，普通の足軽は30秒くらいかかりました。

　一方，武田の騎馬隊が，自軍陣地から織田・徳川連合軍の棚のあたりまで攻めこむのに「約20秒」要したといいます。

　火縄銃の玉づめは30秒かかったので，計算上は，織田軍が「10秒」負けることになります。

　このことを信長は計算していたかどうか，3,000挺の鉄砲を1,000ずつ3隊に分けて，「時間差こうげき」をしたのです。　　　　　　馬防柵

　つまり，鉄砲隊は，「10秒」かんかくで一せいにうつことができるようにし，武田の騎馬隊より「10秒」勝ったのです。

　長篠の戦は，「10秒の勝負」だったのです。こんなことがみえてきます。

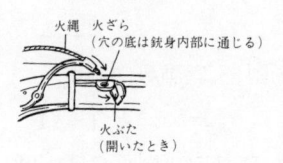

火縄銃の使い方
① 体に道具をつけて用意する。
② 火薬を銃口に入れる。
③ 棒（かるか）で火薬をついて固める。
④ 火ぶたを開き，火ざらに口薬を入れる。
⑤ 火ばさみを起こし，火縄をはさみ引き金をひく。すると火縄の火が火ざらの口薬に点火し，火薬にうつり，ばく発してたまが出る。

22．連子川（連吾川とも書きます）
23．馬防柵
　騎馬隊がせめこむのを防ぐためです。
24．国を出るとき（岐阜），足軽1人に，直径3寸の丸太を1本と，なわを1把持って長篠にむかわせました。
　家康は現地で調達し，自軍の前に馬防柵をつくりました。
　なお，この馬防柵は，足軽鉄砲隊の心理的安定のためにも役立ちました。
25．塹壕（ざんごう）といいます。
26．連子川でもたもたしているところを鉄砲でうつ。
　それをこえてきた騎馬隊が，今度は塹壕をこえるのにもたもたする（中へおちることもある）ところをうつ。さらに，馬防柵で防ぐ，というように，二重三重に安全策をとったのです。
27．織田・徳川連合軍の大勝。
28．1575年5月21日午前6時から午後2時ごろま

で。

　このときの死者1万人以上といわれています。

　武田軍で甲斐の国まで帰りついたもの4,000人といわれます。とすると、1万1,000人くらい戦死したことになります。

29. 「くもり」か「晴」

30. もし「雨」だったら④「雨天順延」になっていました。

　当時の合戦は、「雨天順延」がルールだったのです。

　これじゃ今の運動会と同じですね。面白いルールが昔はあったのですね。

31. はだかの武将、かぶとはかぶっているがよろいのない武将、よろいはつけているがかぶとのない武将、はだしで槍1本しかもっていない武将、ふんどしだけの武将など、変なかっこうをした武将がいました。

大坂城

　合戦の前夜、いや合戦の最中でも、夜になると武将たちは必ずといってよいくらいバクチをしました。大規模な戦いが続くと、バクチは大がかりな、すさまじいものになりました。

　あすは死ぬかもしれないという考えから、かけ金は大きくなったのです。

　金をすってしまうと、武具や馬具をかけました。

　このため、バクチに負けた武士は、チグハグなかっこうで戦わざるをえなかったのです。しかし、このような人の方が手がらをたてました。

　なぜかというと、バクチに負けてこまっているので、今度の戦いで何とか元をとり返そうと必死になって戦うからです。または、バクチに負けて、ヤケクソになってあばれたからです。だから、戦国武将たちは、士気を高めるため、酒をのませ、バクチをしょうれいしたそうです。

32. 鉄砲が広まると、玉を防ぐ方法も工夫されました。

　初期のころは、竹を十数本たばねて楯にしました。竹は表面がなめらかで、当たった玉をはじきやすいからです。

　家康が大坂城をせめたとき、口径93ミリの大砲（？）をつかいました。このころも、長篠の戦の時も、玉は丸い鉛で、中には火薬が入っていなかったので、当たらなければ大丈夫でした。

　だから、防ぐ方も命中しないようにすればよかったのです。大坂城では、この大砲の玉を防ぐのに、城のまわりに幕をはったといいます。幕の力で玉の破かい力を弱めたのです。

33. 当時は、「非戦闘員は殺さない」というルールがあったので、農民たちは、3〜4日分の食料やなべ・かまをもって山の上などに登り、おに

ぎりを食べながら，文字通り高見の見物をしたのです。

　農民を殺したのでは，新しい土地をとっても，耕す人がいなくなり，税収もあがらないからです。

34. ④が多かったようです。

　①〜③⑤も多少はあったでしょう。

　農民たちは山の上から，立派なよろいやかぶとをつけた人が倒れるのをじっとみています。戦いが終わるやいなや，下へかけおりて，武具などをはぎとったのです。

　すると，それを買いとる商人がちゃんときたそうです。

35. 武田の騎馬隊の馬の数は，全体の「12％」です。

　だから，①です。ふつうの軍隊は「10％」くらいだから，多少馬の数が多かっただけです。それなのに天下無敵といわれていました。

36. ①　大きな馬を求めて，スピードアップをしたこと。

　②　鐙（あぶみ）を工夫して，足だけで馬を動かせるようにし，両手を戦いにフルに使えるようにしたこと。

　③　矢を三翼にし（それまでは二翼），命中率を倍にしたこと。

以上のようなことがあげられます。

37. ふつうの軍隊は「10％」くらいでした。

38. 信長より早く鉄砲の有利性に気づき，多数の鉄砲を購入していました。しかし，武田は地理的に恵まれず，家来たちを城下に集めて鉄砲のいっせい射撃（しゃげき）訓練などできなかったのです。山国ですから，家来は分散して住んでいたからです。

39. ①　戦国時代で新しい武器を必要としていたこと。

　②　刀をつくる技術が発達していて，これが鉄砲つくりに応用されたこと。

　③　種子島が砂鉄の産地であったこと。

40. ①　紀州根来寺（ねごろじ）

　②　近江の国友村

　③　堺

などが主な生産地でした。

　鉄砲が日本の戦争のあり方を一変させたことが見えてきます。

| | |
|---|---|
| 25問以上できた人 | A級 |
| 10〜24問できた人 | B級 |
| 9問以下の人 | C級 |

## ⑭ 問題　検地から何が見えるか

Q₁　イラストは何をしているのでしょう。また，これが始まったのは西暦何年でしょう。

Q₂　検地の道具や人について
- ・ＡＢは，何という道具ですか。
- ・ＣＤＥは，何をしているのでしょう。
- ・Ｆは，何をする人ですか。

Q₃　田畑の形が正四角形でないとき，どのようにして面積をはかったでしょう。

Q₄　イラストで「これが欠けている」というものは何でしょう。

Q₅　検地を行うよう命じたのは誰でしょう。

Q₆　どんな目的で検地を行ったのでしょう。

Q₇　農民たちは検地に反対しなかったのでしょうか。

Q₈　検地帳に記載されたのは，地主でしょうか。それとも土地の耕作者でしょうか。

Q₉　検地によって農民は土地に縛りつけられました。これは地位が向上したと見るべきでしょうか。それとも低下したと見るべきでしょうか。

Q₁₀　今測っている田んぼは，次のどれでしょうか。
- ①上田
- ②中田
- ③下田
- ④下下田

Q₁₁　検地帳は，個人ごとにつくられたのでしょうか。それとも村単位につくられたのでしょうか。

Q₁₂　検地のイラストでぬけているものがあります。それは何でしょう。

Q₁₃　検地によって農民の身分が固定され，兵農分離が進められ，これを完成した政策を何といいますか。

Q₁₄　「検地」からどんなことが見えるでしょう。

### 検地の道具

梵天（ボンテン）　細見（サイミ）　また棒　杖と寸尺　蔓（ワク）　十字

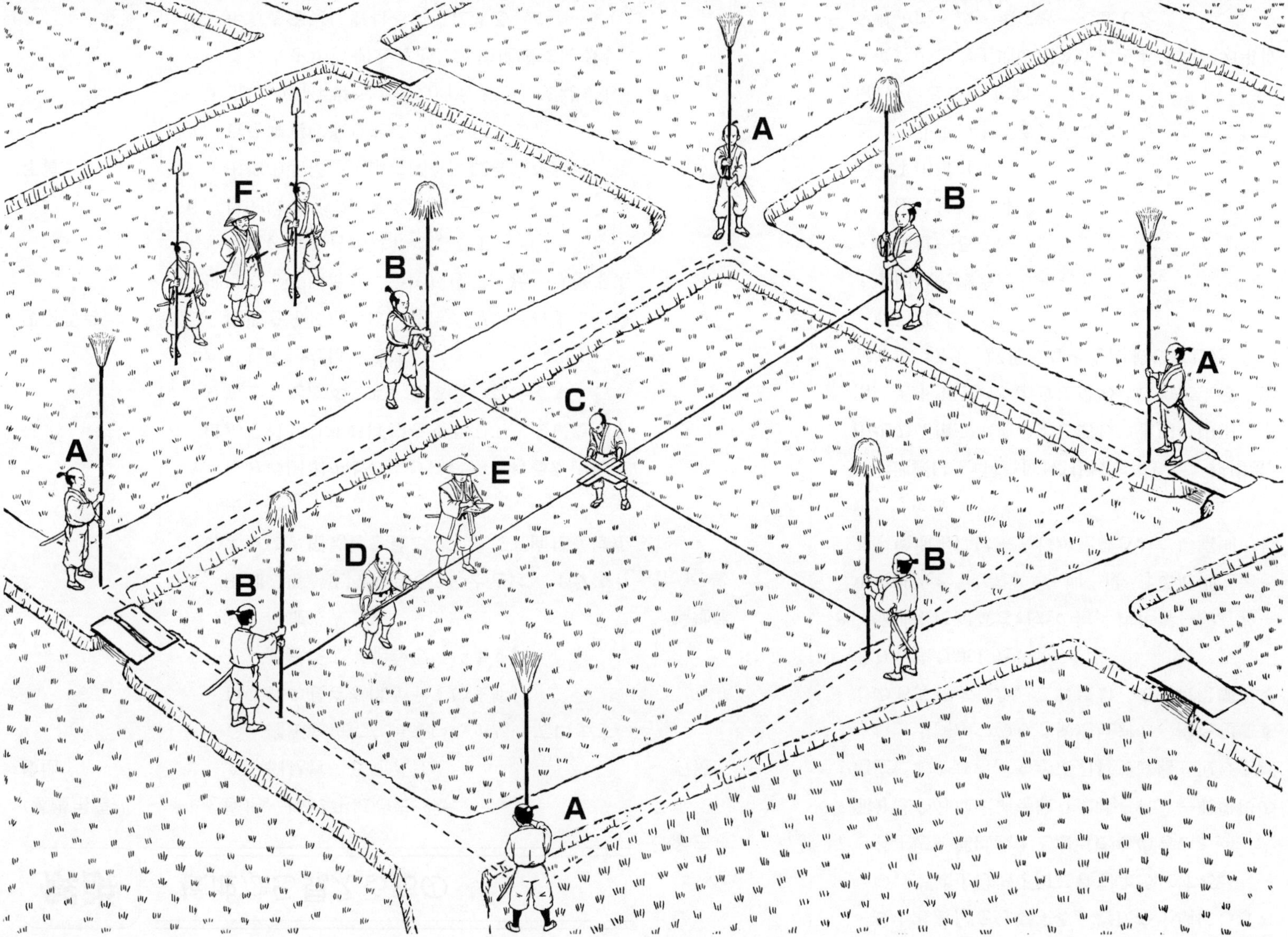

A
F
B
B
A
C
A
E
D
B
B
A

| 解説 | 検地から見えるもの |

〈基礎用語〉

検地

1. 検地。1582年に始まった。

2. A 細見竹（さいみだけ） B 梵天竹（ぼんてんだけ）

   C 縄が直角になっているか調べています。

   D 縄の長さをはかっています。

   E 記録係で，記録しています。

   F 検地役人

3. 田畑の形が正四角形でないときは，イラストのように，細見竹を見こみで立てて面積をはかりました。

4. 自分の田畑がどのようにはかられるか，広くはかられたりすれば損をするので，農民たちが立ち会ったはずです。立ち会わなくても，しっかり見ていたはずです。

豊臣秀吉

5. 検地を命じたのは，豊臣秀吉。それまでも検地はやっていたが，全国規模で，統一基準で実施したのは秀吉がはじめてです。

6. 目的はいくつか考えられます。

年貢

・田畑の面積を正確に調べ，収穫高を調べ，年貢を確実に取りたてるようにする。

・土地の耕作者を土地の所有者として認定し，この人を年貢納入者として検地帳に記載し，年貢を確実に取れるようにする。

名主

・武士と農民を分離する。農民を土地にしばりつけ，武士は城下町に住むようにする。

7. 名主の一部は武士となったものもいるが，大部分は余分な土地を取り上げられ，一般農民の地位におとされ，やがて刀狩で武器も取り上げられ，不満がつのり，検地反対の一揆を起こすものもありました。これに対して秀吉は厳しく取りしまりました。

刀狩

検地帳

8. 検地帳に記載されたのは，耕作者→所有者→年貢納入者でした。「一地一役人」の原則といって，検地帳には一人しか記載されない原則でした。

検地帳は，「村単位」に作成しました。耕作者，田畑の面積，土地のよしあし（上田，中田，下田，下下田というように決め，これによって年貢も違った），収穫高などを記載しました。

収穫高は，

・上田は一段当たり一石五斗，

・中田は一石三斗

・下田は一石一斗

・下下田は九斗

と，二斗ずつ下げる方法で定めました。これを「石盛」（こくもり）といいます。

検地のとき土地の広さをあらわす面積の単位を町・段・畝・歩に統一しました。

六尺三寸＝一間とし，一間四方＝一歩（一坪），三十歩＝一畝，十畝＝一段，十段＝一町としたのです。

9. 検地帳に記載されることによって農民は土地に縛りつけられました。村を出ていくこと，職業を変えること，土地を売ることができなくなったのです。

これで地位は向上したと見るべきでしょう。なぜならこの時代には農業以外の産業というのはほとんどなかったからです。

それに，小農民（本百姓）の自立政策が検地であり，ここに画期的意義があるのです。

10. 今測っている田んぼは，平地で比較的形も整っており，イネの株もきちんと残っていて，よくできているように見えます。

したがって，「①上田」か「②中田」で，③や④ではないといえます。

11. 検地帳は，村単位で作成されました。

検地を通じて行政村としてとらえたということです。村が年貢納入や支配の単位となったのです。

12. このイラストは，とても大切なものがぬけています。もちろん，わざとぬいているのです。

田んぼを広く測るか，狭く測るか，上田とみるか中田，下田とみるか，いちばん関心のある農民の姿がぬけています。

13. 刀狩をし，農民が一揆などを起こさないように武器を取り上げたのです。

14. 検地と刀狩によって，兵農分離が進みました。農村に住んでいれば農民，町に住んで刀をさしていれば武士，町に住んで刀をさしていなければ町人（商工業者）と，封建的身分制度が確立されていくのが見えます。

| | |
|---|---|
| 8問以上できた人 | A級 |
| 4〜7問できた人 | B級 |
| 3問以下の人 | C級 |

## ⑮ 問題 大名行列（江戸時代）から何が見えるか

Q₁ 参勤交代のため，行列をつくって歩きました。この行列のことを何といいますか。

Q₂ 参勤交代の制度がはっきりと定められたのは，いつごろのことですか。

Q₃ 何のために，だれが，参勤交代をさせたのですか。

Q₄ 大名たちは，どこと，どこをいききしたのですか。それを毎年したのですか。

Q₅ 大名の妻や子どもは，どこに住んでいましたか。

Q₆ 江戸屋しきの費用は，藩の収入のどのくらいにあたり，また江戸の屋しきに住む家来の数は，きめられていましたか。

Q₇ 大名は，3種類に分けられて配置されていました。3種類の大名を書きなさい。

Q₈ 参勤交代の時期は，きめられていましたか。

Q₉ 道のはしに，頭をさげてすわっている人は，何をしているのですか。

Q₁₀ 農民や町人たちが，絵のように頭をさげてすわらなければならないのは，どの大名が通るときですか。

Q₁₁ 行列が通るとき，「下に，下に」とかけ声をかけて通ったのは，将軍とご三家だけでした。その他の大名が通るときは，どんなかけ声をかけたのでしょう。

　　① のいた　のいた　　　② 片寄れ　片寄れ

　　③ あけろ　あけろ　　　④ さがれ　さがれ

　　⑤ 無言

Q₁₂ 大名の行列と普通の旅人は，どちらがスピードが速かったでしょう。

Q₁₃ 大名は，どんなホテルにとまったでしょう。

Q₁₄ 大名行列のとき，どんなものをもっていたでしょう。

Q₁₅ 行列の途中，大名がトイレにいきたくなったときは，どのようにしたでしょう。

Q₁₆ 絵のように，いつもきちんとならんで行列をしたのでしょうか。

Q₁₇ 行列を横切ったり，おじぎをしなかったりすると，「切りすてごめん」といって，切り殺されることもありました。ところが，この行列を横切ってもよい職業の人がいました。それは，どんな職業の人でしょう。

Q₁₈ 大名行列のため，全国の交通が発達しました。中でも五街道は，とてもひらけました。五街道を地図で示し，名まえを書きなさい。

Q₁₉ 街道には，「関所」というものがあって，旅人を苦しめました。この関所で，特にきびしくとりしまったのは，どんなことですか。

Q₂₀ 街道には，関所のほかに「川止め」というのがあって，旅人を苦しめました。「川止め」というのは，どんなことをしたのですか。

Q₂₁ この当時は，どんな身分制度がありましたか。

Q₂₂ 大名が参勤交代した時代を，何時代といいますか。

Q₂₃ この時代は，およそ何年間続きましたか。

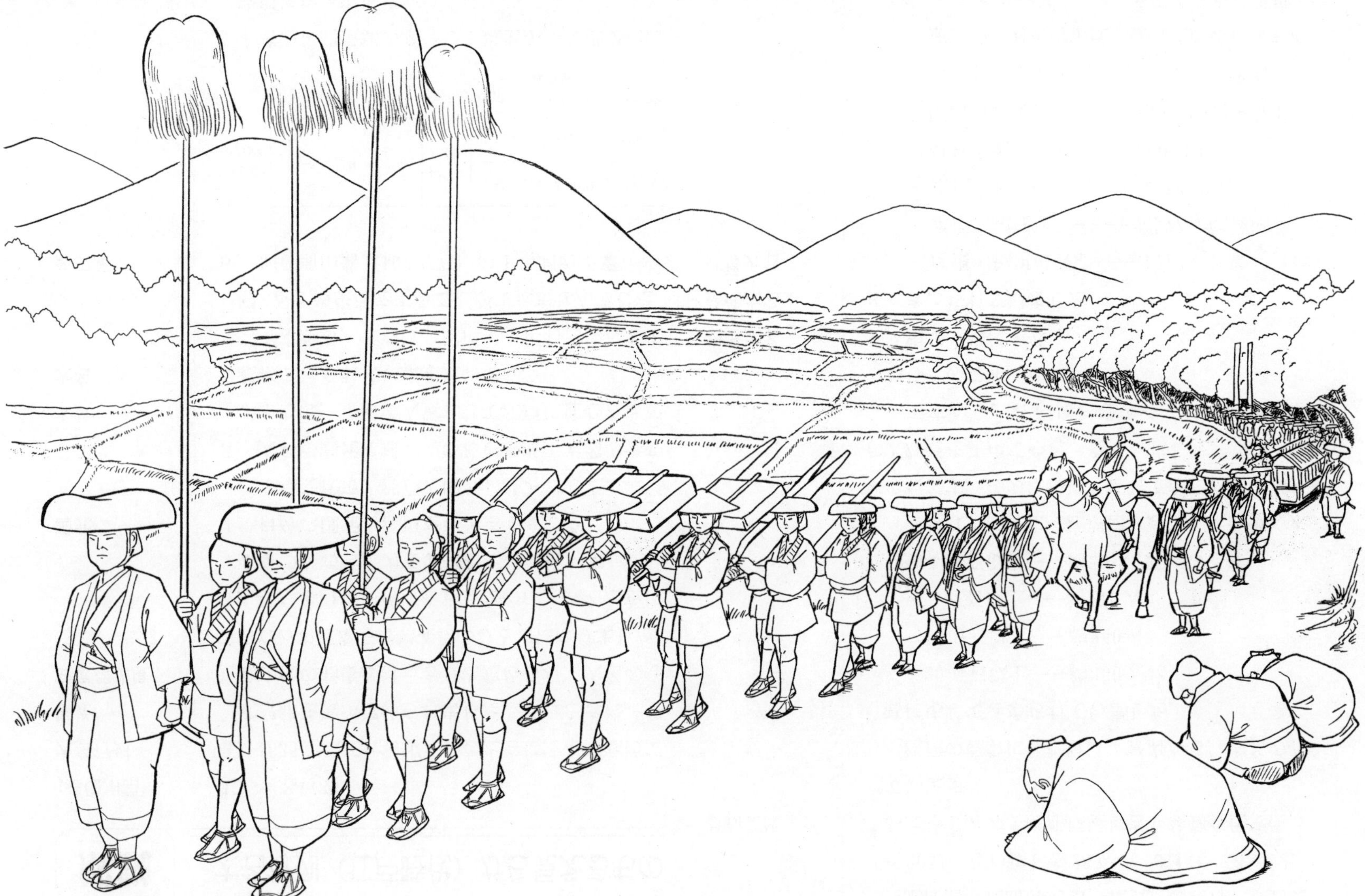

| 解説 | 大名行列（江戸時代）から見えるもの |
|---|---|

〈基礎用語〉

大名行列

家光

武家諸法度（ぶけしょはっと）

国元

人質

大名

前田藩

参勤交代

親藩大名（しんぱん）

譜代大名（ふだい）

外様大名（とざま）

1. 大名行列

2. 1635年，三代将軍家光のときに，あらためて武家諸法度が定められました。このときに，参勤交代の制度がはっきりと定められ，大名の守らなければならない義務のひとつになりました。

3. 江戸幕府が，幕府を守るために，大名たちに金をつかわせ，力を弱めるために行いました。

4. 自分の国元と江戸をいききしました。
　1年交代で，江戸と国元に住みました。

5. 大名が国元に帰っているときも，大名の妻や子どもは，幕府の人質として江戸に住むことを義務づけられていました。
　ですから，大名は，江戸で1年おきにしか夫婦・親子の生活をすることができませんでした。

6. 加賀前田藩（102万石）の1年間の予算

| 総額 16万両 | 国元の費用6万両 | 1万5千両 | 参勤交代の費用8万5千両 |
|---|---|---|---|
| | | | 江戸屋しきの費用8万両 |

京都・大坂での費用　大名行列の費用—5千両

藩の年間予算の2分の1以上が，参勤交代の費用になっています。

肥前藩（鍋島36万石，佐賀）の場合，参勤交代20％，江戸屋しき28％で，あわせて48％と，およそ2分の1は江戸屋しきや参勤交代で使っています。

江戸の屋敷に住む数は，幕府から，大名の石高に応じてきめられていました。

・20万石以上——約450人

・10万石以上——約240人

・5万石以上——約170人

・1万石以上——約50人

これは，あくまで江戸屋しきで1年間働く人の数です。このほかに，臨時でたくさんの奉公人（ほうこう）などを江戸でやとったりしました。

ですから，江戸屋しきのくらしにお金がかかったのです。

7. 親藩・譜代・外様

8. きめられていました。

・尾張・紀伊の親藩——3月

・水戸（親藩）———常時江戸づめ

・譜代大名————6月か8月

・外様大名————毎年4月

・関八州の大名———江戸と国元を各半年で，2月と8月

・遠隔地の対馬（つしま）の宗氏—朝鮮使節の応接もあるので3年に1度

- 蝦夷地福山の松前氏——5年に1度
- 水戸藩・老中・若年寄・奉行
——常時江戸詰

　江戸の町や街道の混雑を調節し，農はん期にかからないようにしていました。

土下座
9. 土下座
10. 将軍とご三家（水戸藩，尾張藩，紀伊藩）
11. なんと②です。
　つまり，道のはしに寄るだけで，土下座はしなくてよかったのです。「土下座」するのは，ごくわずかだったのです。でないと，街道すじの人は仕事になりませんよね。

東海道
12. 東海道の大津から江戸まで，普通の旅人は13〜15日かかりました。
　ところが，ゆっくり歩いているようにみえる大名行列は，11〜12日で歩いているのです。2日分くらい速いのです。

日本橋
　「お江戸日本橋七ツ立ち……」といわれるように，大名行列は午前4時に宿を出発し，夕方は「夜五ツ」（午後8時）ごろ宿に入ったのです。
　宿泊費を少しでもへらすためです。

本陣
13. 大名がとまる宿は「本陣」という旅館でした。
　しかし，何しろ大きな団体ですから，一つの宿にはとまれません。それで，家臣たちはいくつかの宿に分かれてとまりました。これを「旅

旅籠
籠」といいます。旅籠が不足したときは，「民宿」にもとまりました。
　宿はもちろん予約制です。

14. 大名行列というのは，武士が戦場に出かけるときの形で行われました。
　そのため，行列は勇ましく，はなやかなものになりました。戦場にいくのですから，食べ物や食器類，風呂おけ，つけものの石までもっていったということです。だから荷物が多くなったのです。
　いくら多くても「宅配便で送る」なんてできませんでしたからね。

15. これはおもしろいですね。これは，オマルかごをつんだかごの中でしたしたのです。大名行列のカゴの一つは，オマルをつんだ，いわゆるトイレットカー（かわやかご）だったのです。

16. 大名行列の絵をみると，いつもきちんとならんで行列しているようにみえます。しかし，このようにならんで行列したのは，
　①　国元を出発するときや到着したとき
　②　領地の境
　③　宿場を出発するときや到着したとき
　④　江戸入りのとき
です。あとは，列もばらばらで，かなり自由な歩き方をしていたようです。

17. 助産婦（産婆さん）

　　道路のむこう側に，子どもの生まれそうな人
がいると，大名行列でも横切っていってよかっ
たのです。

　　江戸幕府は，人命は大切にしていたのです。

18. 五街道

五街道

江戸幕府

　　① 東海道　　② 甲州街道　　③ 中山道
　　④ 日光街道　　⑤ 奥州街道

出女入鉄砲

19. 出女入鉄砲

　　江戸から出る女と，江戸にもちこもうとする
鉄砲を特にきびしくとりしまりました。

20. 主な川に橋をかけさせなかったので（大井川
が有名です），大雨で水かさがますと，歩いて渡

川止め

士農工商

江戸時代

れなくなるので，川止めになったのです。

21. 士農工商

22. 江戸時代

23. 1603年〜1867年の「265年間」。
　　「300年」ということもあります。

| | |
|---|---|
| 15問以上できた人 | A級 |
| 9〜14問できた人 | B級 |
| 8問以下の人 | C級 |

※こんな指導のしかたもあります

# 第6学年 社会科学習指導案

指導者 有田 和正

研究主題 江戸時代の歴史的に、「はてな?」を発見し、それを軸のように追究するには、どのような指導をすればよいだろうか。

1. 単 元　日本の歴史——士農工商の世の中——
2. 本時の指導
(1) ねらい　大名行列の絵をみて、季節やきびしい身分制度などに気づき、江戸時代を追究する「はてな?」を発見できるようにする。
(2) 資 料　大名行列の絵　印籠
(3) 展 開

| 予想される学習活動・内容 | 指導上の留意点 |
|---|---|
| 1. 大名行列の絵を提示して<br>　この絵は、何時代のことでしょう?<br>　・江戸時代のこと<br>　・大名行列（参勤交代） | ※この絵はどの季節にもみえるように多くの内容が含まれていると思えるように着色している。どの季節にみえるか。面白いぞ。もっと調べてみたいというようにしたい。<br><br>※この絵のポイントは、土下座が1つのヒントである。これから身分制度への発展ができる。印籠はそのために使う予定。 |
| 2. この大名行列は、春夏秋冬のいつでしょう?<br>　・春　・夏　・秋　・冬 | |
| 3. 大名には、三種類ありました。<br>　名を調べてノートに書きなさい。<br>　・親藩　・譜代　・外様 | |
| 4. この絵は、親藩・譜代・外様のどれでしょう? | |
| 5. 道のはしに座っている人は、何をしているのでしょう?<br>　・土下座　・下に下に | |
| 6. 「下に下に」とかけ声をかけていたのは、親藩・譜代・外様のどんな大名だけでしょう?<br>　・のいたのい　・片寄れ片寄れ　・あけるあけ　・さけれさけ　・無言　・じゃまだじゃまだ | |
| 7. 親藩は3月、譜代は6月か8月、外様は4月に大名行列するように法律で決められていました。この絵は何という当時の法律で決められていましたしょう?「決め手」は絵のどこですか? | |

※大名とも大名が嫌い街道で出会ったら、いろんなQが出てくるようにしたいトイレはどこでした?　声をかけたでしょう?

## 16 問題 江戸の町から何が見えるか

Q₁ このイラストは，江戸時代はじめ頃の，どこの町を描いたものでしょう。

Q₂ 五街道の起点になった有名な橋は，何という橋ですか。また，五街道とは，どんな街道ですか。

Q₃ 堀ばたの柳の木の近くで売っているものは何でしょう。

Q₄ 江戸湊で自由に魚をとる特権をもっていた人は，どこから江戸へやってきて，どこに住んでいたでしょう。

Q₅ 堀を網の目のように江戸の町にめぐらして，堀を利用していろんな物を運び，陸揚げする場所が設けられました。これを何といいますか。

Q₆ 荷物を積んだ小さな舟（底が平らになっている）が行ききしています。この舟を何といいますか。

Q₇ この小さな舟は，どこからどこへ物を運んだのでしょう。

Q₈ 江戸湊まで上方などから物資を運んだ大きな舟を何といいますか。

Q₉ 「下りもの」「下らないもの」という言葉ができました。どんなことからつけられたものでしょう。

Q₁₀ 家康が江戸へきた1590年は，人口2,000人でした。それが幕府を開いた1603年には15万人，その後どんどん増えて100万人を超えました。短期間に人口が急増して，どんな困ったことがおこったでしょう。

Q₁₁ 「江戸」とは，どんな意味でしょう。

### 「城下町」はいつごろできたか

| 城下町 | 成立年代 | 城下町 | 成立年代 |
|---|---|---|---|
| 長浜 | 1574（天正2）年 | 甲府 | 1594（文禄3）年 |
| 安土 | 1576（〃4） | 仙台 | 1600（慶長5） |
| 金沢 | 1583（〃11） | 福井 | 1601（〃6） |
| 大坂 | 〃（〃〃） | 熊本 | 〃（〃〃） |
| 上田 | 1584（〃12） | 伊予松山 | 1603（〃8） |
| 大和郡山 | 1585（〃13） | 彦根 | 1604（〃9） |
| 近江八幡 | 1588（〃16） | 福島 | 1607（〃12） |
| 松坂 | 〃（〃〃） | 高岡 | 1609（〃14） |
| 高松 | 〃（〃〃） | 名古屋 | 1610（〃15） |
| 広島 | 〃（〃〃） | 姫路 | 〃（〃〃） |
| 若松 | 1592（文禄1） | 高田 | 1614（〃19） |
| 武蔵忍 | 〃（〃〃） | 福山 | 1619（元和5） |
| 岡山 | 1594（〃3） | | |

『日本の歴史〈高校日本史〉』（NHKテキスト，昭和60年度版，p. 100）

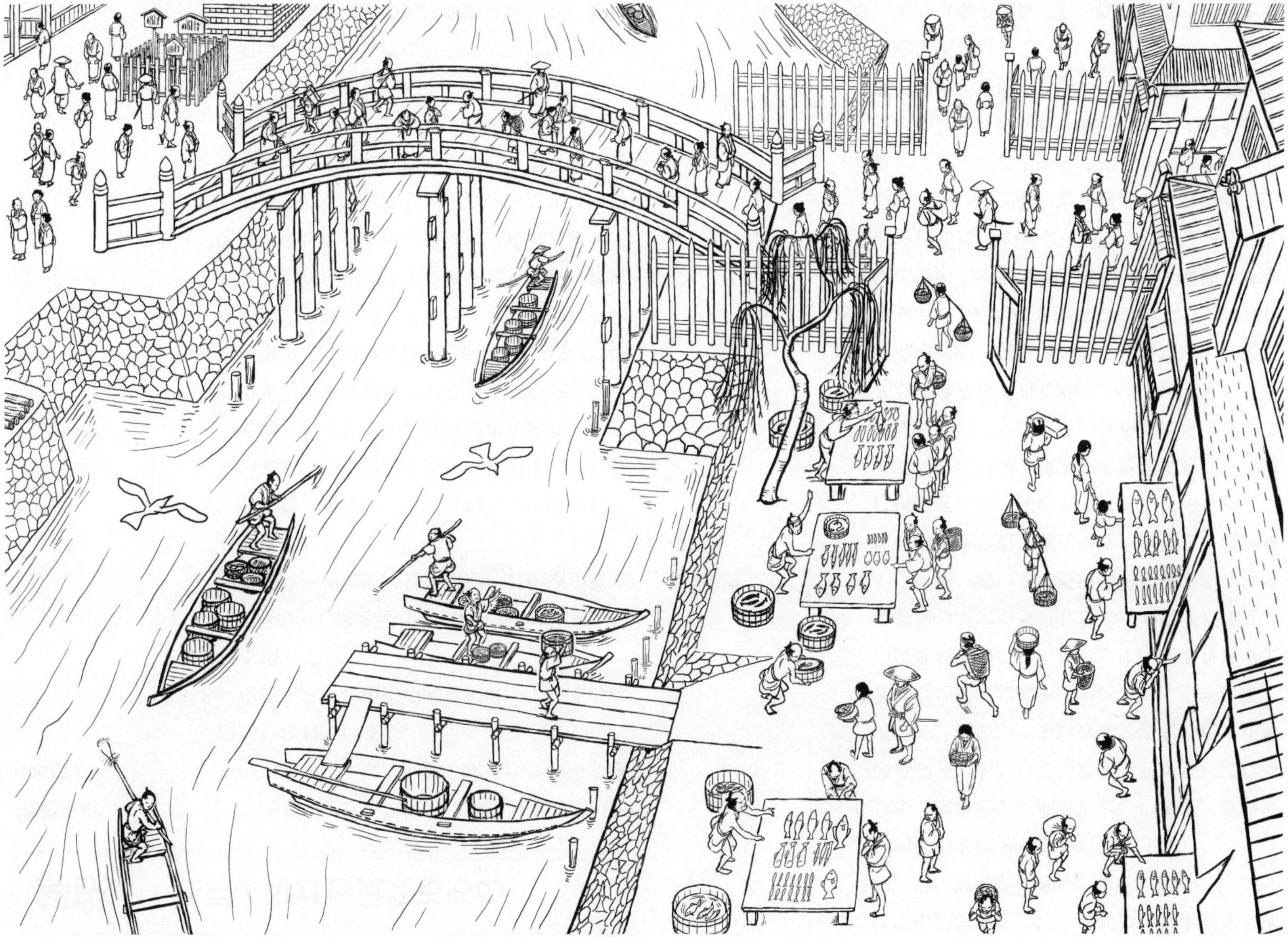

| 解説 | 江戸の町から見えるもの |
|---|---|

〈基礎用語〉
日本橋

1. 1608年頃の江戸の町，日本橋付近を描いたものです。この頃は，第2次の江戸の町の建設が行われています。

2. 現在も日本の道路の起点になっているのは日本橋です。

　江戸の中心地を起点に，東海道，中山道，甲州街道，奥州街道，日光街道の五街道が整えられました。

魚河岸

3. 有名な「魚河岸」で，とれたての魚を売っています。新鮮な魚や貝が戸板の上に並べられて売られています。桶に海水を入れ，生きたままの魚を泳がせている店もあります。

家康

4. 家康が昔，助けて貰った摂津国（大阪府）の佃村から漁師を招きました。鉄砲洲沖の干潟を与え，江戸湊で自由に魚をとってよい特権を与えました。とった魚は毎日将軍に献上する義務をおっていましたが，余った魚は町で売ることができました。漁師たちは干潟に島を築き故郷の名をとって「佃島」と名づけました。佃煮はここからおこったのです。

5. 河岸（かし）という，小さな港です。明治30年代になっても200以上の河岸がありました。陸揚げする品物名をつけ，魚河岸，材木河岸，大根河岸，塩河岸，酒河岸などと呼ばれました。魚河岸の名は今も使われています。

6. 小さな舟を「高瀬舟」といいます。森鴎外の小説名にもなっています。底が平らになっていて，浅い川でも行ききできました。川艜（ひらた）という地域（北九州）もあるし，五平太舟という地域（山口）もあります。高瀬舟をうまく活用して大もうけしたのが角倉了以です。

菱垣回船
樽回船

7. 江戸湊（湾）まで菱垣回船や樽回船という比較的大きな船で運んできた物資を，高瀬舟に積み変えて，堀の各所にある河岸へ運んだのです。江戸湊で積み変えた物資を江戸の町へ運んだのです。当時，物資を大量に運ぶことができるのは舟しかなかったのです。

8. 菱垣回船（積み荷が海に落ちないように竹で菱形にあんだ垣を船のふちにつけた）。1619年に堺の人が大坂から木綿・酒・醤油・酢などを運んだのが始まりといいます。やがて，船足の速い樽回船（酒・醤油などの樽物を主として運んだことからこの名がついた）も普及しました。17世紀のなかば大坂の船問屋が菱垣回船に対抗して始め，18世紀には菱垣回船を圧倒しました。

9. 上方（京・大坂）から江戸へ送ってきたも

| | のは「下り酒」「下り油」「下り米」「下り塩」といわれ，江戸市民にとっては高級品でした。上方から「下ってきたもの」ということで，「下りもの」といって大切にしました。これに対し，江戸近辺でつくられたものは質があまりよくなかったので「下らないもの」(上方から下ってこないもの) といって馬鹿にしました。品物のよしあしからおこった言葉です。 |
|---|---|
| 下りもの | |
| 下らないもの | |

10. 1590年（天正18年）8月（旧暦）1日，「八朔」の秋祭りの日に家康は江戸城へ正式に入城しました。このときから家康の関東支配が始まるのです。そして，入城以来，わずか10年で，江戸は大都市になる基礎ができあがり，その後急速に人口が増えました。江戸の人口が急増して困ったことがいろいろおこりました。

・水不足（千川上水，神田上水，玉川上水などをつくった）

　　上水がつくられたことが，江戸の町の発展に大きな力となりました。上水は「飲用」で，これ以外の目的で使用することは，かたく禁じられていました。

　　洗たくなどの雑用水は，掘り井戸の水を使いました。

・土地・家不足（大家が大きな権利をもった）
・食料不足（日本各地から運ばれてきた）
・医者・衣類・道具などの不足
・火事が多くあった（堀は防火帯の役目を果たした）

11. 「江戸」とは，次のような意味があります。
・江―「海水が陸地に入り込んだところ」（今でいう湾）
・戸―入り口

　つまり，「入り江（湾）の入り口」という意味です。

　これは，地形からつけられた地名といえます。「日比谷」の地名は，海苔をとるために，海の中にあんだ竹＝のりひびにちなんでいるといわれています。

| | |
|---|---|
| 7問以上できた人 | A級 |
| 4〜6問できた人 | B級 |
| 3問以下の人 | C級 |

## ⑰ 問題　出島から何が見えるか

Q₁　この「おうぎ」のような形をした島は，何という島ですか。これは，今の何県にあたりますか。

Q₂　この島とまわりの海に，きれいに着色し，よくわかるようにしなさい。

Q₃　この島は，形からいって，人工の島でしょうか，それとも，自然にできた島でしょうか。

Q₄　この島に住んだのは，どこの国の人ですか。

Q₅　どうして，ここに住むように命じたのですか。

Q₆　この島に，どうしてこの名まえがつけられたのですか。

Q₇　家康は，1612年から1613年にかけて禁教令を出し，宣教師の追放を命じました。この禁教令とは，どんな宗教を禁じたのですか。

Q₈　1616年には，ヨーロッパ人との貿易を，平戸と長崎の2港だけにし，1635年には，さらにきびしい命令を出しました。このため，外国へいった日本人が帰れなくなりました。
1635年に出されたきびしい命令はどんなことですか。

Q₉　このような江戸幕府の弾圧に，島原半島のキリスト教徒が反発し，農民の一揆と合流して，大きな反乱をおこしました。この反乱を何といいますか。

Q₁₀　反乱をおこしたのは，西暦何年のことですか。

Q₁₁　反乱軍の数は，およそ何人ぐらいでしたか。

Q₁₂　反乱軍がたてこもった城を，何といいますか。

Q₁₃　反乱軍の中心になったのは，何という人ですか。

Q₁₄　幕府は，この反乱をおさえるために，どのくらいの武士を送りましたか。

Q₁₅　反乱軍は，すぐしずめられましたか。

Q₁₆　この大きな反乱におどろいた江戸幕府は，どんな命令を出しましたか。

Q₁₇　キリスト教信者をみつけるために，次の絵のようなことをしました。これを何といいますか。

Q₁₈　鎖国令が出されてからも，貿易が許された国が二つありました。それは，何という国ですか。

Q₁₉　どうしてこの2国は，貿易を許されたのですか。その理由をかんたんに書きなさい。

Q₂₀　鎖国時代，どこで貿易をしましたか。

Q₂₁　鎖国をしたことで，日本にプラスになったことは，どんなことですか。

Q₂₂　鎖国をしたことで，日本にマイナスになったことは，どんなことですか。

Q₂₃　この島は，鎖国時代に外国へ開いていた唯一の窓だといわれますが，それは，どうしてですか。

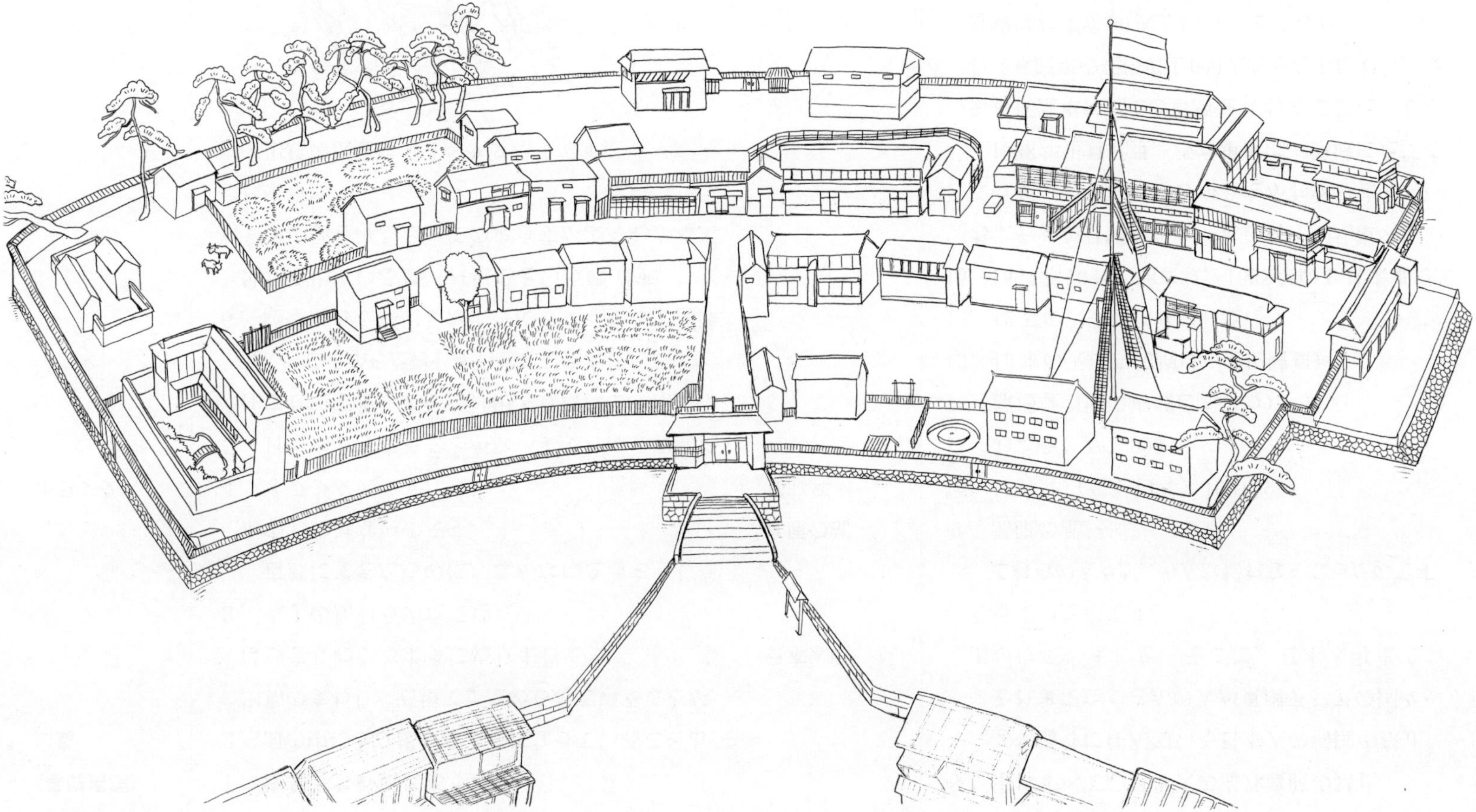

| 解説 | 出島から見えるもの |
|---|---|

〈基礎用語〉

出島

オランダ

キリスト教
封建制度

日本人町

島原の乱
1637年

1. 出島　長崎県にあります。

2. 海の中にとび出したようになっていることと，
出島のまわりが石垣でかためられていることが，
はっきりわかるようにぬりましょう。

3. 人工の島（うめたて地）

自然にできたものに，こんなにきっちりした
形のものはないのです。

4. オランダ人

5. 日本人と接することがないように，この島に
住ませて監視しました。出入り口は1ヶ所しか
なく，ここからだけしかいききできませんでした。

6. 陸地からとび出したようにつくったので，陸
地から出ている島──出島というのです。

下の図をみると，このようすがよくわかるで
しょう。

出島の広さは1.3ヘクタールです。

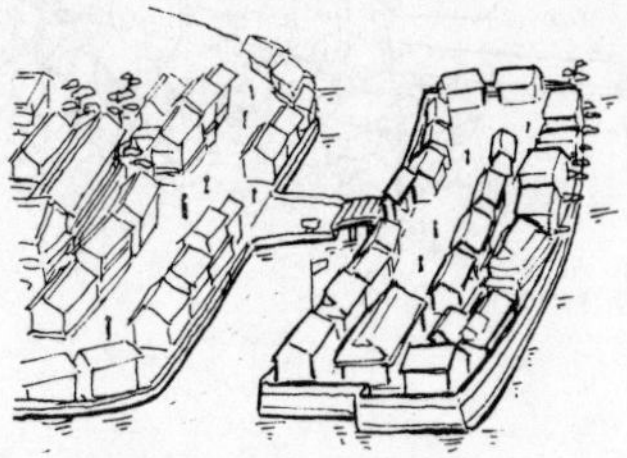

7. キリスト教

これは，封建制度と合わないことがわかり，
禁止するようになりました。

8. ①　すべての日本人の海外渡航の禁止

②　海外に住んでいる日本人の帰国の禁止

それまでたくさんの人が東南アジアの国々へ
出かけていました。そこに，日本人町までつ
くっていたのです。

これらの人々が，みんな帰れなくなったのです。

9. 島原の乱

10. 1637年（寛永14年）10月

11. およそ3万7,000人

12. 原城址（原の古城ともいう）

13. 16才の天草四郎時貞（益田時貞）

14. 12万の大軍を送りました。

15. 1637年10月に始まり，1638年の2月末まで，
およそ4か月間もかかりました。反乱軍のてい
こうが，いかにはげしかったかわかります。

1638年正月元旦，板倉重昌は，原城にたてこ
もる反乱軍に総こうげきをくわえました。しか
し，幕府軍の死傷者4,000人だったのに対し，反
乱軍はわずか90人ということでした。

大将の板倉重昌自身，この日の戦いで戦死し
てしまいました。

松平信綱は，兵糧ぜめ（食料が原城の中に入

らないようにまわりをきびしく監視する）の方針にかえて，12万の大軍で城をかこみ，2月末にようやくおとすことができたのです。

鎖国令　16. 寛永の「鎖国令」を出しました。

| 1587年　秀吉がキリスト教を禁止し，宣教師を追放する。 |
| 1612年　家康がキリスト教を禁止する。 |
| 1616年　貿易港を平戸と長崎に限定する。 |
| 1624年　スペイン船が日本に来ることを禁止する。 |
| 1629年　長崎で踏絵をはじめる。 |
| 1635年　日本人が海外へいくことや帰国することを禁止する。 |
| 1637年　島原の乱がおこる。 |
| 1639年　ポルトガル船の来航を禁止する。〈これで鎖国の完成〉 |
| 1641年　オランダ人を長崎の出島に移す。 |

ポルトガル

ということで，1639年の鎖国令で完成したのです。

踏絵　17. 踏絵（ふみえ）

キリスト　　キリストやマリアの像をふませて，キリスト教の信者をみつけようとしました。

かくれキリシタン　これ以後も，かくれキリシタンといわれるように，ひそかにキリスト教を信じる人がいました。

18. キリスト教の布教と関係のない，オランダと中国にかぎって，長崎で貿易することを許しました。

19. キリスト教の布教と関係がないからです。

20. 長崎　鎖国の結果，貿易の利益は，幕府がひとりじめするようになりました。

　　別に，朝鮮との国交は続けられました。　　朝鮮

21. プラス面
　　① 200年あまりも外国の侵略をうけなかった。
　　② 平和な時代が続いた。
　　③ 日本独特の文化や産業が発達した。

22. マイナス面
　　① 国民の視野がせまくなった。
　　② こせこせした島国根性を育てた。
　　③ 外国の文化におくれた。

23. ここでしか貿易することができなかったし，外国の文化も出島からしか日本に入ってこなかったからです。

　　オランダ船は，年間2隻しかきませんでした。
　　中国からは，年間30隻くらいきました。
　　出島から，「鎖国」のようすが見えてきます。

| 15問以上できた人 | A級 |
| 9～14問できた人 | B級 |
| 8問以下の人 | C級 |

## 18 問題 黒船来航から何が見えるか

Q₁ 4せきの黒船が，浦賀にきたのは西暦何年のことですか。また，どうして黒船と呼んだのですか。

Q₂ この黒船はどこの国の船で，何のために日本へやってきたのですか。

Q₃ ペリーは，どのくらいの日数をかけて日本へやってきましたか。

Q₄ ペリーは，太平洋を通らずに，どうして地図のように遠回りしてきたのですか。

Q₅ ペリーがくることを，幕府は全く知らなかったのですか。ペリーがきたとき，幕府はどんな対応をしましたか。

Q₆ 幕府は，鎖国をしていたのに，どうして日米和親条約を結んだのですか。

Q₇ 鎖国するとは，具体的にどうすることですか。

Q₈ 幕府は，開国すべきか，鎖国を続けるべきか大変迷いました。これはどうしてですか。

Q₉ ペリーがきたとき，大もうけした人がいました。それはどんな人ですか。

Q₁₀ 1858年には，日米修好通商条約を結び，5港を開港し，貿易を行うことにしました。この条約は不平等でした。それはどんな点ですか。

Q₁₁ 鎖国と開国は，どちらがむずかしいですか。それはどうしてですか。

Q₁₂ ペリーは，珍しいお土産をもってきました。どんなものだったでしょう。

Q₁₃ 開国した結果，江戸幕府はどうなりましたか。

Q₁₄ 日米和親条約を結ぶのに成功したペリーは，アメリカに帰国したとき大歓迎されたでしょうか。

---

寛永の鎖国令（抄）

一六三五（寛永一二）年発令

一、異国へ日本の船つかわすの儀、かたく停止のこと。

一、日本人、異国へつかわす申すまじく候。もし忍び候て、のりわたるもの、これあるについては、その者は死罪、その船・船主ともにとめおき、言上つかまつるべきこと。

一、異国へわたり、住宅これある日本人、来り候はば、死罪申しつくべきこと。

一、異国船つみ来り候白糸、直段（ねだん）を立て候て、のこらず五ケ所（堺・長崎・江戸・大坂・京都の糸割符仲間）その外書き付けのところ、割符つかまつるべきこと。

一六三九（寛永一六）年発令

一、今より以後はかれうた（ポルトガル船）渡海の儀、停止されおわんぬ。この上、もし、さしわたるにおいては、その船を破却し、ならびに乗り来るもの、すみやかに斬罪に処せらるべきのむね、仰せ出ださるるところなり。

一、キリシタン宗門の儀、ご制禁の上、いよいよそのむねを守り、バテレン（宣教師）ならびに宗旨のもの（信徒）、のりきたるべからず。もし、違背（違反）いたし候はば、その船中ことごとく曲事（処罰）たるべし。

（『徳川禁令考』巻61『寛永日記』）

『日本の歴史〈高校日本史〉』（NHKテキスト，昭和60年度版，p.99）

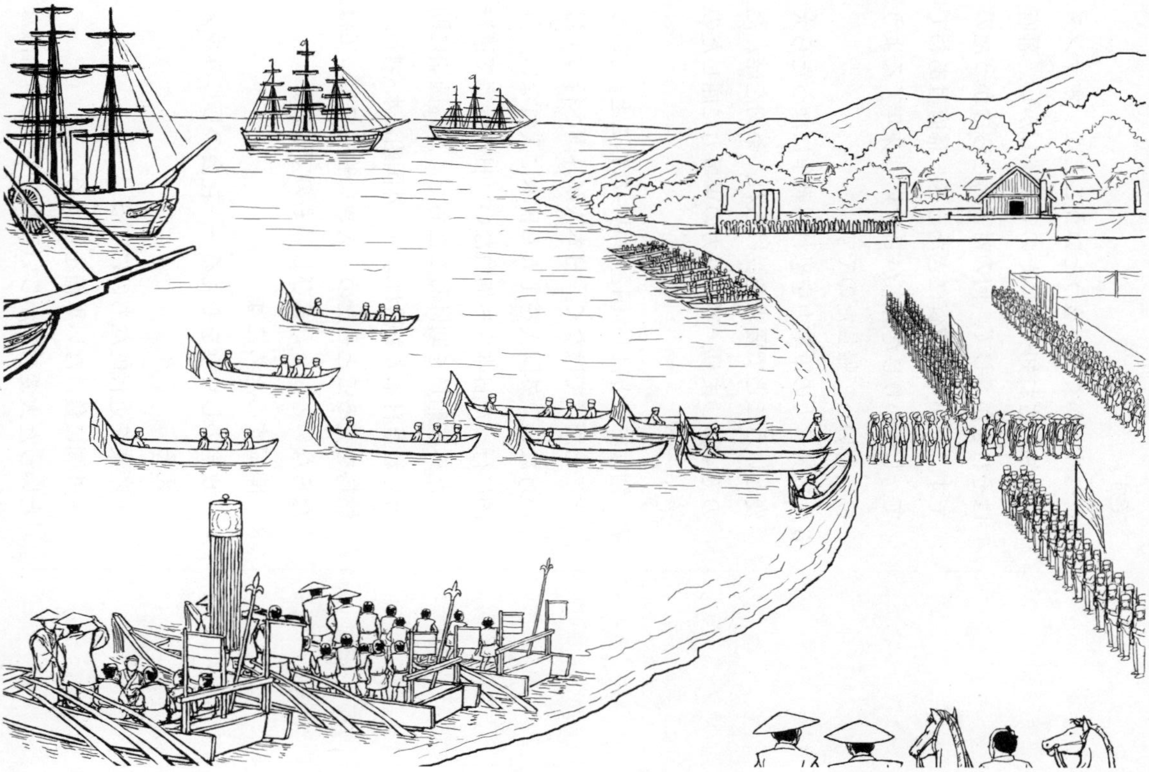

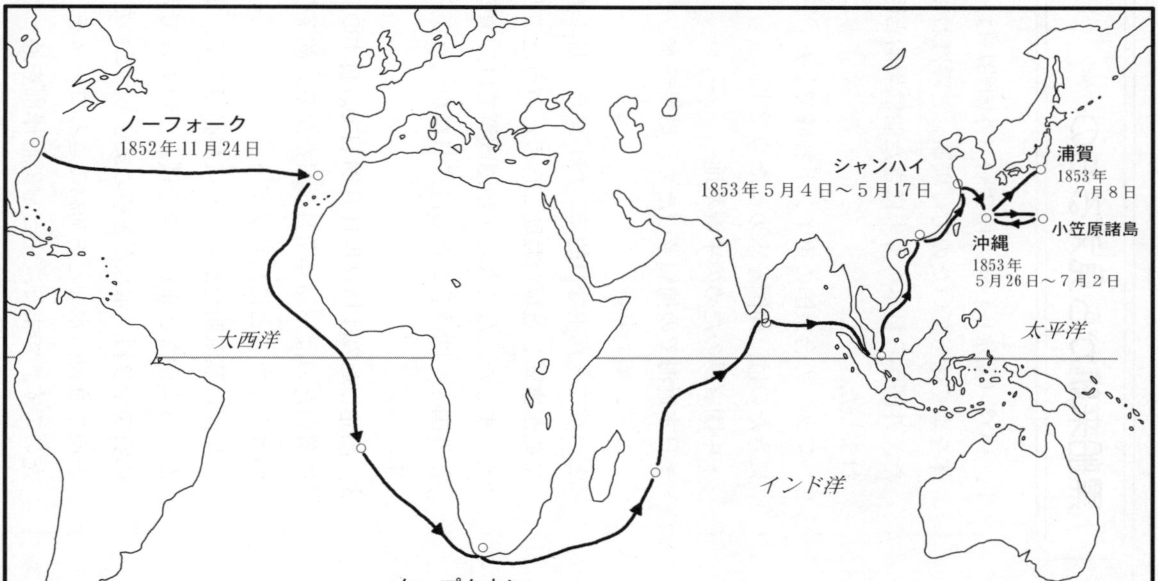

ノーフォーク
1852年11月24日

大西洋

ケープタウン
1853年1月24日〜2月3日

インド洋

ジャンハイ
1853年5月4日〜5月17日

沖縄
1853年
5月26日〜7月2日

浦賀
1853年
7月8日

小笠原諸島

太平洋

| 解説 | 黒船来航から見えるもの |

〈基礎用語〉
黒船

開国

鎖国

1. 1853（嘉永6）年。南蛮船（外国船）は，船体を黒く塗っていたので「黒船」と呼ばれました。外国から日本へ幕末にきた船は黒船と呼ばれました。

2. アメリカ合衆国の東インド艦隊でした。日本にきたのは，開国を求めるためです。
   ・中国貿易のための中継基地
   ・日本近海での捕鯨業のため，燃料や水，食料などの補給基地
   ということが主な目的でした。また，日本近海で船が遭難した場合救助し合うといったこともありました。なぜなら，鎖国政策では，遭難した外国人を助けることも許されなかったからです。

3. 出発したのは1852年11月24日で，日本の浦賀に着いたのは1853年7月8日だから，約7か月かけてきたことになります。

4. 黒船は蒸気船だから，石炭が必要です。軍艦だから大砲など重いものを積んでいるので大量の石炭や食料，水などを積めません。このため，石炭や食料，水などを補給できるコースをとったのです。つまり，主として沿岸部を通ったの

です。

5. ペリーがくるだろうということは，オランダから知らされ知っていたのです。しかし，幕府はそれをかくして，何の対策もとらなかったのです。だから，浦賀にきたとき，幕府はあわてて，しっかりした対応ができず，「来年くるように」といって帰したのです。

6. アメリカの軍事力を恐れ，戦争になったら大変ということで要求を受け入れ，条約を結んだのです。つまり，アメリカの軍事力に屈したのです。

7. 鎖国するとは「外国と貿易しないこと」といったことだけではなく，日本人が外国へ行ってはいけない，外国人を1人も日本に入れない，外国に行った日本人も帰れない，日本近海で遭難した外国船員を助けることもだめ，外国船に助けられた日本人も帰れない，外国船に水や野菜，燃料を売ることもだめ，大きな船をつくってはならないといったきびしいものでした。

8. 開国するためには，
   ・政治のしくみを変える──社会のしくみを変える
   ・産業を近代的なものにする
   ・外国に負けない軍備を整える
   といった大変むずかしいことをやらなければな

りません。これは大変なことで，一朝一夕にできることではありません。だから，どうすればよいか，と迷ったのです。日本国を守るために迷ったといえます。

9. 瓦版製作者にとっては，千載一遇のチャンスでした。人々が情報をほしがったからです。瓦版は速報性が重要だったから，はじめは黒一色の一枚ものが売り出されました。

　そのうち，ペリーの顔や，黒船の姿などがもり込まれるなど，さまざまな工夫がなされました。同時にしだいに彩色されたものが出たり，今の新聞のように何枚かつづったものなども出ました。

　黒船にちなんだ川柳や狂歌・替歌なども瓦版に出るようになりました。

　これらの中には，ユーモアに富んだものもあり，今にも残されています。

　もう一人もうけたのは，江戸で武具を売る商人たちでした。人々はアメリカ軍がおそってくると恐れ武器を争って購入したからです。

　しかし，大もうけしてお祝いに餅をつき酒肴を準備して客を招き，「今度のアメリカの黒船は私たちには宝船だ」と喜んでいたことが名主に知れて数日の閉店を命ぜられたこともあったようです。

日米修好通商条約

10. 日米修好通商条約は，
・関税自主権の欠如
・治外法権
という二つの点が不平等でした。つまり関税を日本で決められない，日本で悪いことをした外国人を捕まえて裁判することができないということです。

11. 8の項で述べたように，大きく三つのことを行わなければ開国できません。鎖国は通達すればよいから，圧倒的に開国のほうがむずかしいのです。

12. アメリカからのお土産（献上品）で，最も注目されたのは，実物の4分の1の模型の蒸気機関車でした。

　日本の役人たちは，それに乗らないと承知できなかったのです。車の中に入れないので，屋根の上に乗りました。円をえがいた軌道の上を1時間20マイルの速さで走りました。まじめくさった役人が衣服をひらひらさせながらぐるぐるまわったということです。

　つまり，日本人は好奇心がとても強いとペリーは書いています。見るだけでは納得しないのです。

　アメリカ人の衣服についているボタンを特に珍しがったとも書いています。日本にはひもと

帯しかなかったのですから—。

　ペリーの土産は，他に，刀，剣つき銃，マッテイラ（ギート），香水，織物，鳥などだったのです。

　日本からのお土産は，鋳貨，火縄銃，剣，金漆塗の硯箱などで，あまり価値を認められなかったようです。

　この他，米，乾魚（かつおぶし？）と犬がありました。3匹の小さいスパニエル種の犬で，日本で非常に珍重されているもので，値段の高いものでした。

　日本のチンは，8〜9世紀に新羅や渤海から朝廷に貢上されたり，遣唐使がもち帰った犬がもとで，これを日本人が品種改良してつくり出した室内で飼う愛玩犬のただ一つの傑作として広く世界に知られるようになったということです。

13. 開国した結果，幕府の崩壊を速めることになりました。

14. 帰国したペリーはあたたかく迎えられました。しかし，熱狂的な歓迎をうけませんでした。それは，ペリーを派遣した当時の大統領が変わり，政権が変わり，アメリカの外交政策が変化していたこともあったようです。

　アメリカは，大統領が変わると，政策が大きく変わります。内政はもとより外交もそうです。この傾向は，ペリーの頃から今も変わっていないようです。

| 8問以上できた人 | A級 |
| 4〜7問できた人 | B級 |
| 3問以下の人 | C級 |

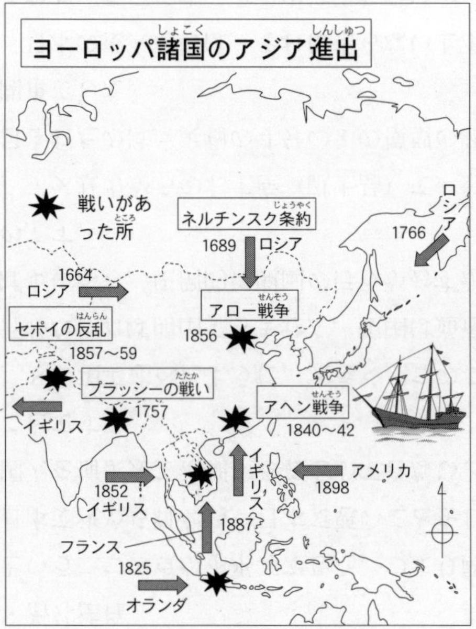

『旺文社　教科別学習大事典9
「日本の歴史」社会科の2』p.366

※こんな指導のしかたもあります

# 第6学年 社会科学習指導案（略案）

指導者　有田　和正

| 研究主題 | 6年生の子どもが、歴史の面白さに気づき、「はてな？」をみつけ、それを追究するようにするには、どのような指導をすればよいだろうか。 |

1. 単　元　日本の歴史――鎖国から開国へ
2. 本時の指導
 (1) ねらい　二つの資料をみて、7か月もの日数をかけてペリーが日本へやってきたことがわかるとともに、面白い「はてな？」を発見できるようにし、ペリーが日本へやってきた目的をしっかり考えるようにする。そして、「もっとくわしく調べてみたい」というようにする。
 (2) 準　備　① ペリー艦隊の航路　② 整備にあたる日本の武士（絵）
 (3) 展　開

| 予想される学習活動・内容 | 指導上の留意点 |
|---|---|
| 1. 資料①②を提示して、<br>この2つの資料から、どんなことがわかるでしょう。ノートに書きなさい。<br>●ペリーがきた<br>●黒船がきた（1853年）<br>●大西洋・インド洋を通ってきている<br>●おおよそ7か月もかかってきている<br>●4せきの軍艦できた<br>●浦賀（神奈川県横須賀市）に到着した | ○「はてな？」がどのくらい考えさせられるか。<br>○面白く考えるだろうか。<br><br>ペリー艦隊の兵力<br>サスケハナ号　300人<br>ミシシッピー号　268人<br>プリマス号　210人<br>サラトガ号　210人<br>（988） |
| 2. この資料をみて、「はてな？」と思ったことはどんなことでしょう。<br>○何のためにきたのか？<br>○4せきの軍艦の大きさは？<br>○兵力はどのくらいか？<br>○どうして遠回りしてきたのか？<br>○ペリーがきたとき、江戸幕府はどうしたのか？ | ○この「はてな？」について、わかる範囲内で考えさせてみたい。子どもたちは、どんなことを考えるだろうか。 |
| 3. ペリーが日本にきた目的は、どんなことだと思いますか？（予想）<br>●開国を求めてきた<br>●鯨をとるための燃料・食料の補給<br>●4せきの軍艦の大きさは<br>●中国（清）貿易のための中継基地<br>●アメリカ大統領の手紙を持ってきた<br>●観光のためにきた<br>●よく1854年日米和親条約を結んだので、やはり開国だ | ○「はてな？」なんて面白いのだ。考えてくれると面白いのだが。「観光」なんて考えてくれると面白いのだが。教科書、資料集などを活用する技能を高めり開国だ |

— 89 —

# ⑲ 問題 新橋～横浜間の鉄道敷設から何が見えるか

Q₁　このイラストは何をあらわしているのでしょう。

Q₂　日本で最初に鉄道が開通したのはいつ頃のことで，それはどこからどこまでだったでしょう。また，計画が決まったのはいつでしょう。

Q₃　イラストでわかるように，海の中に盛り土をして鉄道をつくったのは，どうしてでしょう。明治のはじめに土地がないことはないと考えられるのに。

Q₄　鉄道敷設に反対の人々が多く，土地を売らないのでしかたなく海に盛り土して鉄道をつくりました。こんな便利なものにどうして反対したのでしょう。

Q₅　反対の人々が圧倒的に多い中，鉄道づくりに命をかけた中心人物は誰でしょう（2名あげなさい）。

Q₆　金も，技術も，運ぶ物もないのに，どうして鉄道を造ったのでしょう。

Q₇　アメリカからの申し出をことわり，イギリスから金と技術と資材を借りて造ったのは，どうしてでしょう。

Q₈　イギリス人技師・エドモンド＝モレルは，過労死しました。金も技術も運ぶ物もないのに，日本政府はどうして過労死するほど急がせたのでしょう。

Q₉　無理して鉄道を敷設する必要性は何だったのでしょう。

Q₁₀　次の問いに答えなさい。

① 開通当時，出発の合図は何だったでしょう。

② 新橋～横浜間の鉄道の長さはどのくらいだったでしょう。

③ スピードはどのくらいだったでしょう。

④ 最もスリルのあったところはどこだったでしょう。

⑤ 面白いエピソードにはどんなことがあったでしょう。

〔みんな若かった〕
—倒幕派・公武合体派の主要人物一覧表—

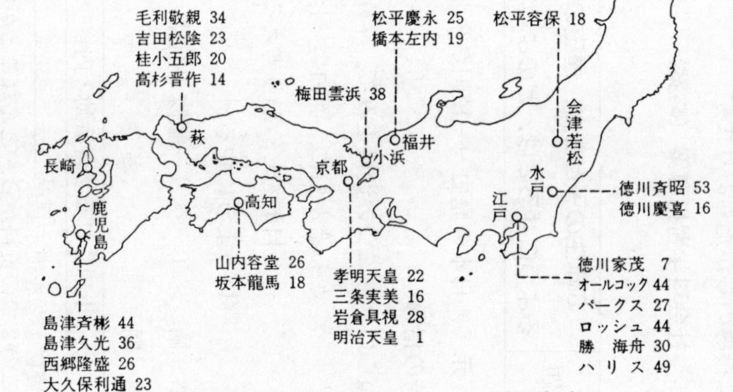

毛利敬親 34
吉田松陰 23
桂小五郎 20
高杉晋作 14
梅田雲浜 38
萩
長崎
京都　小浜
福井
鹿児島
高知
山内容堂 26
坂本龍馬 18
孝明天皇 22
三条実美 16
岩倉具視 28
明治天皇 1
島津斉彬 44
島津久光 36
西郷隆盛 26
大久保利通 23
松平慶永 25
橋本左内 19
松平容保 18
会津若松
水戸　徳川斉昭 53
　　　徳川慶喜 16
江戸
徳川家茂 7
オールコック 44
パークス 27
ロッシュ 44
勝　海舟 30
ハリス 49

（数字は，現代の年齢のかぞえ方により，黒船の来た
1853年中に何歳になっていたかを示している。）

『日本の歴史〈高校日本史〉』（NHKテキスト，昭和60年度版，p.119）

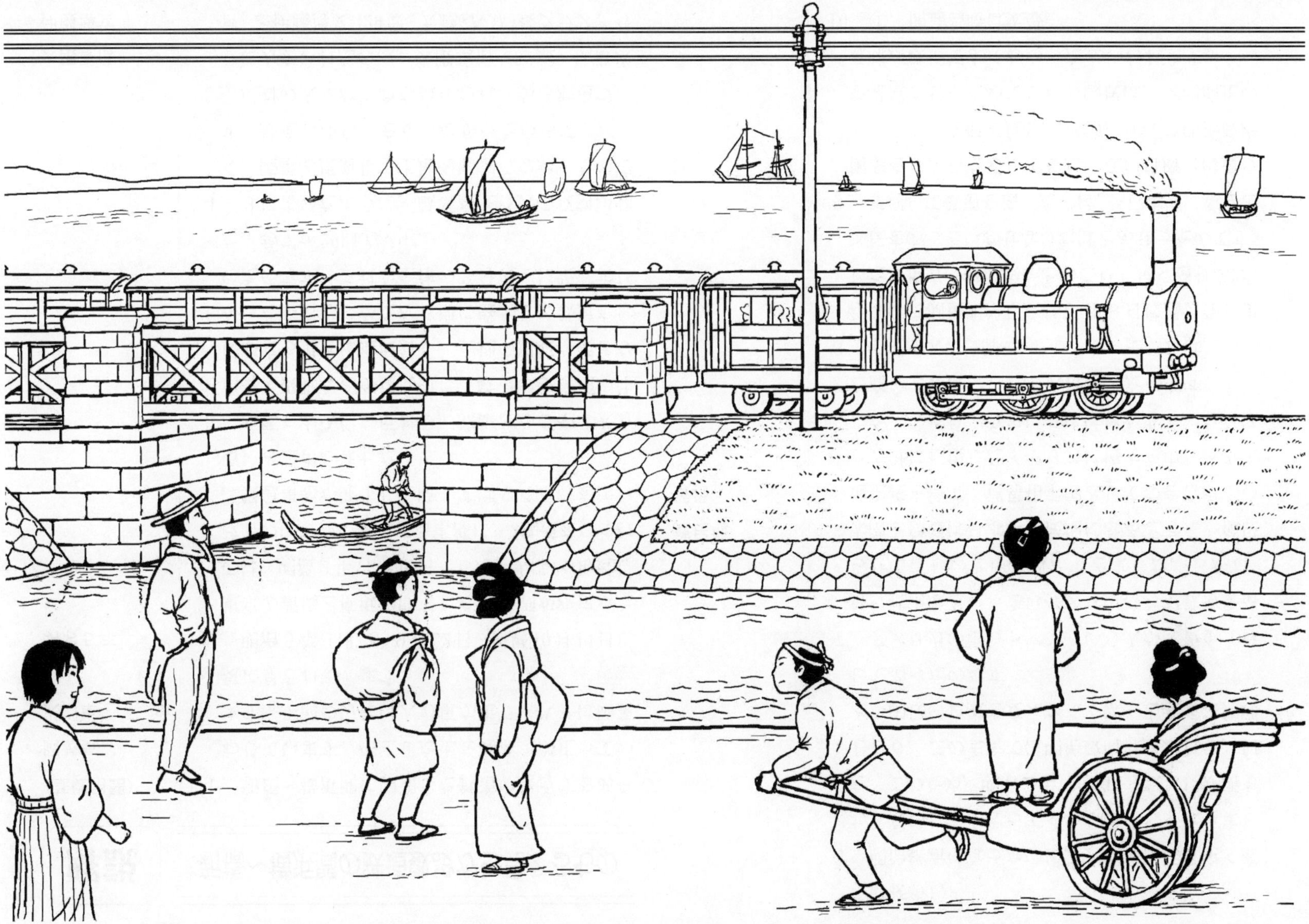

| 解説 | 新橋〜横浜間の鉄道敷設から見えるもの |

〈基礎用語〉
岡蒸気

人力車

明治5年

1．新橋〜横浜間に開通した鉄道のようすをあらわしています。盛土した上を岡蒸気が走っています。手前の方には人力車が走り，人々は岡蒸気に見とれています。

2．明治5年（1872）9月22日（新暦10月14日）。東京の新橋と横浜の間でした。計画が決まったのは，明治2年11月10日でした。大隈と伊藤は，政府の中で強く反対する軍部に，「鉄道をつくれば緊急事態が発生した時，すばやく軍隊を送れる」と説得しました。

3．西郷も大久保も反対し，旅館・かごや・人力車夫・飛脚などが猛反対し，鉄道の予定地の住民が立ち退きに猛反対し，土地の買収ができなかったから，しかたなく海に盛土して鉄道をしいたのです。これが全体の3分の1に及びました。わずか29kmなのに。

4．3に書いたように，職業を失う人の反対が強く，陸軍も反対して土地をゆずらなかったのです。鉄道の便利さを知らなかったからです。

大隈重信

伊藤博文

5．反対の人々から命をねらわれながら鉄道づくりに力をいれたのは，大隈重信（32歳・大蔵次官）と伊藤博文（29歳・大蔵省の局長クラス。今の財務省）

6．明治維新になったのに，人々の生活は全く変わらないし，かえってくらしは苦しくなりました。このため，明治2年，世直一揆が113か所もおこり，このままでは明治政府はつぶれる，何とか国民の意識を変えなくては，と考えて無理して造ったのです。

植民地
貿易

7．アメリカのポートマンという人が，資金，資材，技術などいっさいアメリカ持ちで鉄道を造らせてほしいと申し込んできました。しかし，大隈と伊藤は日本が植民地になると考え，植民地主義を捨て，貿易相手国としてつき合うという方針に転換したイギリスに協力を申し込みました。つまり，うまい話には裏がある，ただほど高いものはないと2人は考えたのです。

8．イギリスの技師・エドモンド＝モレルは，1870年3月に測量開始し，1871年9月に過労死しました。世直一揆が次々とおこり，早く造りあげ，国民をあっといわせなければとあせったのです。

9．無理して鉄道を造ったのは，「日本人に驚きと衝撃を与えるため」でした。江戸幕府とは違うということを形で見せ，「汽笛一声」で明治政府を見直させるためでした。国民は，文明開化の意味が鉄道でよくわかったといわれます。

10．①　開通当時は太鼓。

② 長さ29kmで，新橋，品川，川崎，鶴見，神奈川，横浜の六つの駅があった。

③ 29kmを53分で走ったが，最高速度は時速50kmだったので，当時の人々はびっくりしたはず。

④ 最もスリルがあったのは，多摩川にかけられた六郷橋（617m）。木造であったためゆれたから。

⑤ がまんしきれないで車中からオシッコをする人がいた。これには罰金10円。オナラをした人罰金5円。履物の忘れ物が多かった。履物をぬいで乗るものとカンチガイしたためである。窓ガラスも珍しかったため頭をぶつけて割る人もいた。

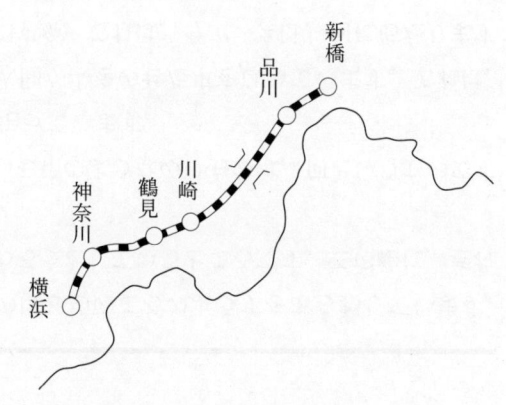

今の地形では上のようなところを走っていた。当時は30％は海の上だった。

29kmを53分で走ったということは，当時としては大変なスピードで，超特急であったでしょう。

何しろ，当時東京から横浜まで歩くと10時間くらいかかり，人力車でも7時間くらいかかっていたからです。

鉄道が開通すると，猛反対していた大久保利通は，「実に百聞は一見にしかず。鉄道なくして国の繁栄はあり得ない」と，初めて乗った日に書いたそうです。

| | |
|---|---|
| 7問以上できた人 | A級 |
| 4〜6問できた人 | B級 |
| 3問以下の人 | C級 |

## ⑳ 問題　明治維新から何が見えるか

Q₁ この絵は，明治のはじめのころのようすをあらわしています。新しい世の中に変わろうとしているところです。この絵に，きれいに着色しなさい。

Q₂ 馬が引っぱっている箱のようなのりものは，何というものですか。レールの上を走っています。

Q₃ 手前の方には，人間が人をのせた車をひいています。これは，何というのりものですか。これは，今でいえば，何にあたりますか。

Q₄ むかしからののりものにのっている人もいます。それは，何ですか。

Q₅ これもむかしからの方法で，荷物を運んでいる人がいます。この車を何といいますか。

Q₆ 馬が引っぱっているきれいなのりものは，やがて，どんなのりものに変わりますか。

Q₇ のりものだけでなく，建物も変わってきています。この建物は，何でつくられているでしょう。

Q₈ 江戸時代の建物は，主として何でつくられていましたか。

Q₉ 道のよこには，街灯がありますが，このエネルギー源は何ですか。

Q₁₀ 最新流行の服そうは，何を着ている人ですか。

Q₁₁ 昔ながらの服そうの人は，どんなものを着ていますか。

Q₁₂ 当時の人は，どんなはきものをはいていましたか。種類を全部書きなさい。

Q₁₃ 明治のはじめころから，ある動物の肉を食べることがはやりました。それは，何の肉ですか。

Q₁₄ 明治2年には電話ができ，明治3年には日刊新聞ができました。明治4年には郵便がはじまりました。

こうした新しいヨーロッパの文化が次々ととり入れられました。このことを，何といいますか。

Q₁₅ 新しい学校制度ができたのは，いつですか。

Q₁₆ 江戸時代の学校のことを，何といっていましたか。

そこでは，主として，どんなことを教えていましたか。

Q₁₇ 暦もかわりました。それまでの太陰暦から何に変わりましたか。それは，明治何年のことですか。

Q₁₈ 1872年，福沢諭吉があらわした本がばく発的に売れました。初編だけで20数万部売れ，17編全部あわせると340万部も売れたといいます。

この本の名を何といいますか。

Q₁₉ 1873年には，徴兵令が定められました。国民は，これに賛成したでしょうか。

Q₂₀ 徴兵をのがれる方法があったでしょうか。

Q₂₁ 明治維新からどんなことが見えてきますか。

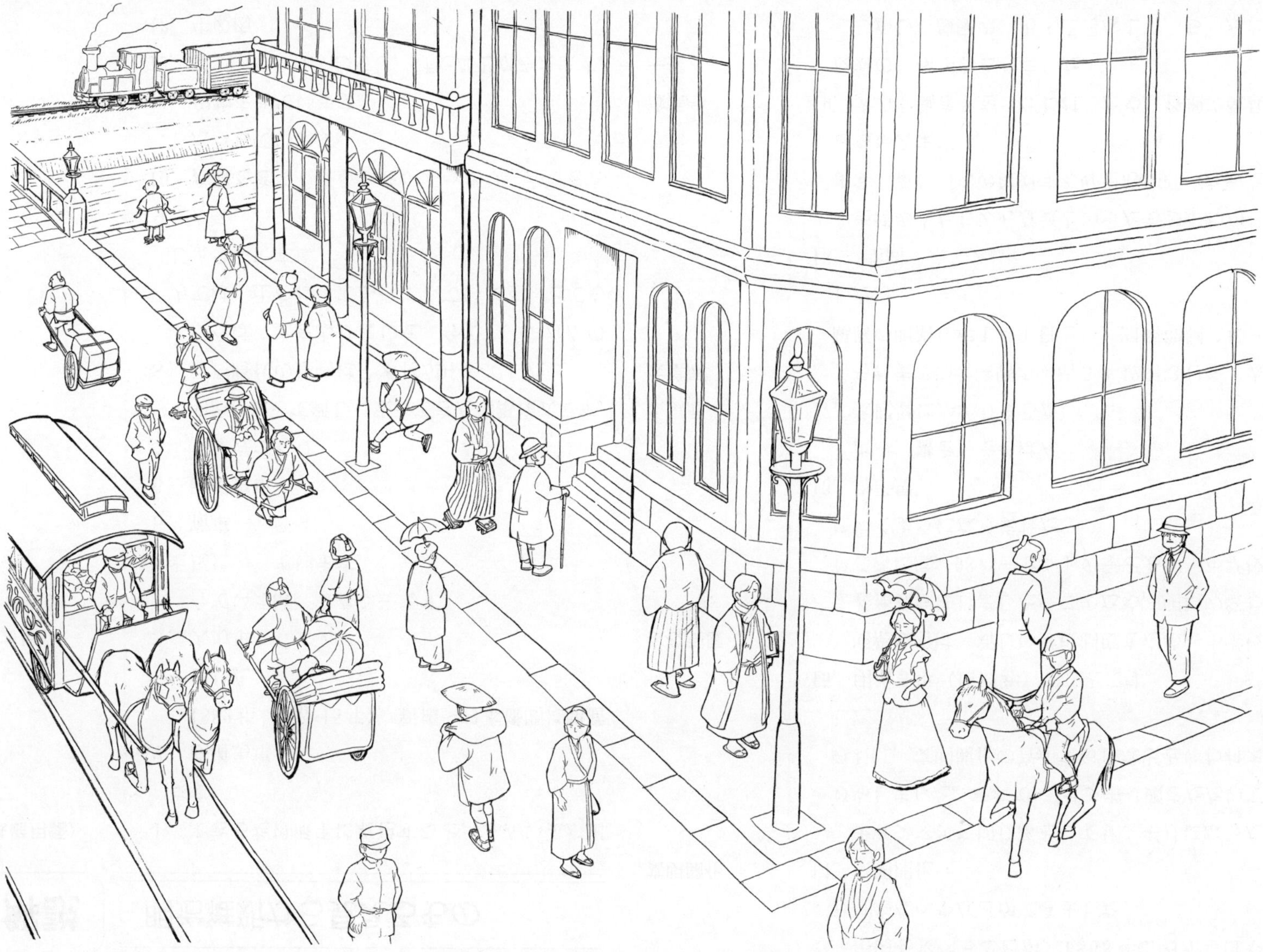

| 解説 | 明治維新から見えるもの |

〈基礎用語〉

1. できるだけ派手に着色すると、ふんい気が出ます。

2. 鉄道馬車
1882年（明治15年）、新橋～日本橋間に開通しました。

人力車

3. 人力車
今でいえば、タクシーです。

4. 馬にのっています。

5. 荷車

6. 路面電車

7. レンガづくり
明治になって新しく入ってきた建築様式です。

太陽暦
太陰暦

8. 江戸時代の建物は、木材が中心でした。
かべは、土をぬりました。今でも、いなかの方では、土をねってかべにしています。とてもじょうぶです。

9. ガス

10. 洋服をきて、ぼうしをかぶったり、かさをさしたりしています。

11. 着物をきています。

徴兵令
一揆

12. くつ、ぞうり、わらじ、げたなどがみえます。

13. 牛の肉

文明開化

牛肉を食べることが、1868年ごろからはやり、牛なべやなどができました。

14. 文明開化
チョンマゲを切り落としてザンギリになったりもしました。それで、「ザンギリ頭をたたいてみれば、文明開化の音がする」などといわれました。

15. 明治5年（1872年）のことです。
明治政府は、新しい学校制度を定め、小学校を義務教育にしました。このため、明治の終わりころには、98パーセントの子どもが、小学校にいくようになりました。

16. 寺子屋
よみ、書き、そろばん

17. 太陽暦にかわりました。
それまでの太陰暦の明治5年12月3日を、太陽暦の明治6年1月1日とし、24時間制にしました。

18. 『学問ノススメ』。
当時の人たちの心意気といったものがわかります。新しいものに対する好奇心が旺盛だったともいえます。

19. 大事な働き手をうばわれるため、各地で徴兵反対の一揆がおこりました。
しかし、農家の二男・三男などで、ちゃんと

した軍服がきて、米の飯がくえるとよろこんだ人もいたそうです。

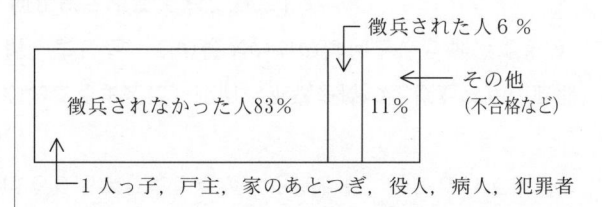

```
                              ┌─徴兵された人6％
┌─────────────────────┬─┬──┐
│                     │ │  │←その他
│ 徴兵されなかった人83％ │11％│ （不合格など）
└─────────────────────┴─┴──┘
↑
└1人っ子、戸主、家のあとつぎ、役人、病人、犯罪者
```

20. 徴兵からのがれるためには、
    - 一生けん命勉強して国立大学に入る。
    - 役人になる。
    - 海外に留学する。
    - お金があれば270円以上の税を納める。
    
    など、いくつかの方法があり、そのための本まで出版されました。

21. 1868年、明治と改元し、江戸を東京と改め、江戸城を皇居としました。1869年には東京を首都とし、諸大名が版籍奉還をしました。四民平等として、華族、士族、平民の制を設けました。

    以後、1871年、廃藩置県で3府72県を設け、造幣局を設けて金本体制をとり、郵便規則を制定しました。

    よく、1872年には、徴兵令を定め、鉄道を開通させ、学制の改革を行い、太陽暦を用いるなど、ものすごいスピードで改革を行いました。

何が見えるかといえば、大きく日本を改革しようという意気込みです。近代国家にしようという意図がはっきりとみえます。

改革の中心は、廃藩置県といえるでしょう。これによって中央集権的な地方制度ができたからです。つまり、明治政府に「税金」が入るようになったのです。金がなくては政治はできませんから。

| | |
|---|---|
| 12問以上できた人 | A級 |
| 8〜11問できた人 | B級 |
| 7問以下の人 | C級 |

## ㉑ 問題 自由民権運動（明治時代）から何が見えるか

Q₁ この絵は、どんなことを要求する演説会ですか。

Q₂ この絵に、きれいに色を塗り、演説会らしいふんい気が出るようにしなさい。

Q₃ 警察官は、この演説会をすすめようとしていますか、やめさせようとしていますか。それは、なぜですか。

Q₄ このような演説会を開いて、要求をしていった運動を、何運動といいますか。

Q₅ この運動の中心になった人物は、どんな人たちですか。

Q₆ この人たちは、どうしてこのような運動をおこしたのですか。

Q₇ この運動に対して、明治政府はどのように考えていたのですか。

Q₈ 演説会に参加した会場の人たちは、何といっているでしょうか。

Q₉ ものをなげているのは、演説をしている人に対してですか。それとも、警察官に対してですか。

Q₁₀ この運動はもりあがりましたか。それとも、弾圧されてしずまりましたか。

Q₁₁ この運動がおこるまえに、政府へ不満を持つ士族たちが、武器を持って反抗しました。その最大のものは何という戦いですか。

Q₁₂ それは、何年に、どこでおこりましたか。

Q₁₃ 反抗した中心人物は、何という人ですか。

Q₁₄ この反抗の結果、人々は武力で反抗してもダメだとわかり、

（　　）による反抗に切りかえました。
武力から何による反抗に切りかえたのですか。

Q₁₅ この運動の結果、明治政府は、「10年後」何かを開くと約束しました。それは何ですか。

Q₁₆ 約束したのは、西暦何年のことですか。

Q₁₇ 10年後に開く約束をすると同時に、政府は憲法をつくる準備をはじめました。憲法の勉強のために、だれを、どこの国へはけんしましたか。

Q₁₈ 憲法ができあがりました。この憲法をなんといいますか。

Q₁₉ それは、西暦何年のことですか。

Q₂₀ この憲法には、いくつかの特色があります。その一つは、「天皇から総理大臣に授けられる」という形のものだということです。こういう憲法を何といいますか。

Q₂₁ この憲法には、「主権」（政治をする権利）はだれにありましたか。

Q₂₂ 議会は二院制になっていました。二院とは、何と何ですか。

Q₂₃ 憲法ができたよく年、10年前にした約束どおり開かれたものがあります。それは何ですか。

Q₂₄ 選挙権には、どんな条件がありましたか。

Q₂₅ このとき選挙権のある人は、国民全体の何パーセントくらいでしたか。

Q₂₆ 1885年、太政官制をやめて、西洋風の内閣制度を初めてつくりました。この初代総理大臣は、だれがなりましたか。

壮士辯論の図

國會を開け

| | |
|---|---|
| **解説** | 自由民権運動（明治時代）から見えるもの |

〈基礎用語〉
国会

1．絵をよくみるとわかります。「国会を開け」という幕がさがっています。

2．警察官には「青色」をぬるのです。これが制服の色だったようです。

3．警察は，演説会をやめさせようとしています。
　　政府の命令で，政府の批判をする演説をすると，「弁士中止（べんし）」とさけんで，やめさせようとしました。

自由民権運動

4．自由民権運動　人間はだれでも自由・平等であり，すべての国民は政治に参加することができるという考えにもとづいて，国会を開いて議会政治をすすめ，国民の権利を守る憲法を制定することを求めた運動です。

征韓論（せいかん）
板垣退助

5．征韓論にやぶれて役人をやめた板垣退助，後藤象二郎，副島種臣，江藤新平らで，1874年(明治7年)に「民撰議院設立建白書」を政府に出しました。

6．自分たちの意見を政治にとり入れてもらうためです。それには，国会を開き，人民を政治に参加させるべきだということです。
　　この考えが新聞に発表されると，その賛否をめぐって，自由民権運動は急速に高まりました。

7．政府は，法律を次々と出し，新聞・雑誌の発行にきびしい制限を加えました。つまり，政府は自由民権運動をおさえようとしたのです。

8．「国会を開くべきだ」
　　演説会をやめさせようとしている警察官に対して，「じゃまするな」「やめろ」などといったことでしょう。

9．警察官に対して，じゃまをするなと，ものをなげつけています。

10．政府は，弾圧をしました。このため，いろいろな事件がおこりました。
　　ということは，自由民権運動がますますもえひろがっているということです。

西南の役

11．西南の役

12．1877年（明治10年），鹿児島県で。

西郷隆盛

13．西郷隆盛
　　1876年には，旧士族が，熊本神風連の乱，秋月の乱，萩の乱などをおこしましたが，いずれも政府の力でおさえられました。

14．武力による反抗──→「言論」による反抗へ切りかえました。

15．10年後，1890年に「国会を開く」ことを約束しました。約束せざるをえないほど，自由民権運動が高まったのです。

16．1881年（明治14年）

|  |  |
|---|---|
| 伊藤博文 | 17. 7のところで少し書いたように，次々と法律をつくり，とりしまりを強めました。<br>　　伊藤博文をヨーロッパへはけんしました。<br>　　伊藤博文は，もっぱらドイツ，オーストリアにおいて憲法研究にあたりました。 |
| 大日本帝国憲法 | 18. 大日本帝国憲法 |
|  | 19. 1889年2月11日（明治22年）に発布されました。<br>　　これは，アジアでは最初の憲法でした。<br>　　国民は大喜びしましたが，内容はだれもしらなかったといわれています。 |
| 欽定憲法<br>民定憲法 | 20. 「欽定憲法」といいます。<br>　　これに対する憲法を「民定憲法」といいます。 |
|  | 21. 主権が「天皇にある」としました。<br>　　民主主義の憲法には，ほどとおいものでした。 |
| 衆議院<br>貴族院<br>二院制 | 22. 衆議院と貴族院<br>　　この二つは対等の立場をもっていたので，今のような二院制ではありませんでした。 |
| 帝国議会 | 23. 帝国議会<br>　　明治23年11月29日，東京日比谷の議事堂で，第1回帝国議会が開かれました。 |
|  | 24. 表にしてみますと， |

| | 選挙権 | 被選挙権 |
|---|---|---|
| 選挙権 | 年令 | 25才以上 | 30才以上 |
| 被選挙権 | 性別 | 男子のみ | 男子のみ |
|  | 直接国税額 | 15円以上 | 15円以上 |

国に15円以上の税金を払っていない人は，25才以上の男子でも選挙権はありませんでした。女子は全く選挙権なしでした。

| 有権者 | 25. 有権者は国民の1.18％でした。<br>　　300人の議員をえらびました。<br>　　第1回選挙の投票率は，93.9％という高率でした。国民の関心の強さがうかがわれます。<br>　　投票用紙には，住所，氏名を書き，役人のみている前で投票しました。 |
|---|---|
| 野党<br>与党 | 　　選挙中，警官が野党には投票するなと有権者をおどしたりしたこともありました。しかし，与党（政府側）は84人で，野党（政府に反対する党）は171人で，野党が圧倒的に優位でした。 |
| 内閣総理大臣 | 26. 伊藤博文<br>　　自分が内閣制度をつくり，自分が第1代の内閣総理大臣になりました。明治になって社会も政治も急激に変化し，人々はとまどいながらも民主化をはかろうとしていることが見えてきます。これを阻止しようとする政府は，いろんな手を使って弾圧したことがわかります。 |

| | |
|---|---|
| 20問以上できた人 | A級 |
| 11～19問できた人 | B級 |
| 10問以下の人 | C級 |

## 22 問題　日清・日露戦争（明治時代）から何が見えるか

Q1　Aの絵は，フランス人が書いた風刺マンガです。

3人がつろうとしている魚，実はどこの国のことをさしていますか。

Q2　左のちょんまげの人は，どこの国を表わしているのですか。

Q3　右のぼうしをかぶった人は，どこの国を表わしていますか。

Q4　橋の上で，ぼうしをかぶり，長いひげをはやした人は，どこの国を表わしているのですか。

Q5　このマンガは，何という戦争を風刺したものですか。戦争名を書きなさい。

Q6　このマンガに，それぞれ国がらがよくわかるように色をぬりなさい。

Q7　日本が，清国（中国）に対して宣戦を布告したのは，西暦何年のことですか。

Q8　この戦争の結果は，どうなりましたか。

Q9　この戦争が終わったのは，西暦何年ですか。

Q10　この戦争後，講和会議が開かれました。それは，どこで開かれましたか。

Q11　講和会議の日本の代表はだれですか。清国の代表はだれですか。

Q12　講和会議で結ばれた条約を何といいますか。

Q13　この条約に対して，三つの国が，「リャオトン半島を清国に返

すように」と強く要求してきました。マンガのとおりになったのです。

このことを何といいますか。

Q14　どうしてロシアは，Q13のようなことを日本に要求したのですか。

Q15　日本は，3国の要求をうけ入れましたか。

Q16　ロシアの進出をおそれたのは日本ばかりでなく，イギリスも同じでした。そこで，日本とロシアが戦争するときは，イギリスに助けてもらう約束をとりつけました。

これを何といいますか。

Q17　ついに，日本とロシアの戦争が始まりました。これを何戦争といいますか。

Q18　それは，西暦何年のことですか。

Q19　このときのことについて，外国人はBのような風刺画をかいています。これに色をぬりなさい。

くまはどこの国で，小さな人間は，どこの国をあらわしていますか。

Q20　日本とロシアは，どこの国のなかだちで講和条約を結ぶことになりましたか。

Q21　この条約を何といいますか。

Q22　条約を結んだのは，西暦何年ですか。

Q23　この戦争でかかった費用は，当時のお金で約17億円にもなりました。これは，当時の国の予算のどのくらいにあたったでしょう。

**A**

**B**

| | |
|---|---|
| **解説** | **日清戦争・日露戦争（明治時代）から見えるもの** |

〈基礎用語〉

清国

下関条約
三国干渉(かんしょう)

1. 朝鮮

2. 日本

3. 清国（中国）

4. ロシア

5. 日清戦争

6. 日本人のチョンマゲときもの，中国人のひげ
  とぼうし，ロシア人のひげとタバコを強調する
  とよいでしょう。

7. 1894年（明治27年）8月1日

8. 日本が勝ちました。

9. 1895年

10. 日本の山口県下関市

11. 日本代表——伊藤博文
   中国代表——李鴻章(りこうしょう)

12. 下関条約（下関講和条約）

13. 三国干渉
   ロシア，ドイツ，フランスの3国

14. ロシアは，満州（中国の東北部）に手をのば
   していたので，日本の勢力が満州にのびてくる
   のをおさえようとしたのです。

15. 日本は，三国干渉をはねかえす力がなかった
   ので，この要求を受け入れました。

日英同盟
日露戦争

ポーツマス条約

16. 日英同盟

17. 日露戦争

18. 1904年2月10日，ロシアに宣戦の布告をしま
   した。これから1年7か月あまり戦争が続きま
   した。

19. 熊——ロシア
   小さな人間——日本
   ロシアは大国でした。そこへ，日本があぶな
   い橋をわたろうとして（戦争のこと）いること
   を風刺しているのです。

20. アメリカ大統領ルーズベルトのなかだちで，
   講和条約を結ぶことになりました。日本の代表
   は小村寿太郎，ロシアはウイッテでした。

21. ポーツマス条約
   その主な内容は，次の通りです。

> 第2条　ロシアは，日本が韓国を指導・監理
>    することをみとめる
> 第5条　ロシアは，旅順，大連の権利を日本
>    にゆずる
> 第6条　ロシアは，南満州鉄道の権利を日本
>    にゆずる
> 第9条　ロシアは，樺太の南部を日本にゆず
>    る
>
> （やさしくしたもの）

1905年

22. 1905年9月5日に結ばれました。
23. 17億円は、当時の日本の国の予算の6年分にもあたりました。

　このため、戦争中に2回も税金がふやされました。

　　　動員された兵隊　　約109万人
　　　死傷者　　　　　　約 27万人

でした。

日清戦争は次の通りでした。

　　　戦費　　　　　　　約2億円
　　　動員された兵隊　　約17万人
　　　死傷者　　　　　　約1万7,000人

　二つの戦争を通じて、日本が戦争という手段で外国との関係を解決しようとしていることが見えてきます。

　日清戦争で「戦争もいい商売になる」と考えたのか、10年後には日露戦争をおこしました。

　つまり、大日本帝国は「世界史に挑戦した」ともいえそうです。日露戦争は「世界最初の帝国主義戦争」ともいわれています。

　日本海々戦の頃までは、日本が連戦連勝でしたが、日本の戦力はすでに限界に達していたのです。お金もなくなり、戦争の継続は不可能な状態でした。

　そこでアメリカに斡旋をたのみました。

ロシアも革命的な機運が高まり、日露戦争を終結して、全力で革命を鎮圧する方針をとり、和平交渉を受け入れたのです。

| 15問以上できた人 | A級 |
| 9〜14問できた人 | B級 |
| 8問以下の人 | C級 |

— 105 —

## ㉓ 問題　第2次世界大戦から何が見えるか

Q₁　今年は「戦後57年」です。

　　この時の「戦後」というのは，何という戦争から後という意味ですか。戦争名を書きなさい。

Q₂　57年というのは，どういう意味ですか。

Q₃　第2次世界大戦に参加した国，つまり，戦争した国は何か国くらいでしょう。当時，世界には65か国ありました。

　　①　60か国以上

　　②　40～60か国

　　③　20～40か国

　　④　20か国以下

Q₄　地図Aの着色している国名を書きあげなさい。

Q₅　第2次世界大戦のとき，「中立国」だったところは，5か国です。

　　では，第2次世界大戦に参加した国は，何か国でしょう。

Q₆　どうして「世界大戦」といわれるか，わかりますか。

　　わけをかんたんに書きなさい。

Q₇　第2次世界大戦のとき死亡した軍人の数だけで，2,100万人以上だといわれます。民間人も含めると3,590万人の死者が出ました。

　　この戦争で，世界の人々は「戦争」にこりたのかと思ったら，第2次大戦後も，次々と戦争や内乱，紛争などがおこっています。それを10こ以上書きあげなさい。

Q₈　この57年間に，何回くらい戦争や内乱，紛争などがあったで

しょう。

　　①　30回くらい

　　②　50回くらい

　　③　100回くらい

　　④　200回くらい

　　⑤　300回以上

Q₉　おどろくべき回数の戦争や内乱に，一度も参加していない国は，どのくらいあるでしょうか。

　　ちなみに，現在，独立国は191か国あります。

　　①　10か国以下

　　②　20～50か国くらい

　　③　50～80か国くらい

　　④　80～120か国くらい

Q₁₀　戦後57年間に，一度も戦争していない国は次の通りです。これを，地図Bの中に書きこみ，色をぬりなさい。

　　①　フィンランド

　　②　スウェーデン

　　③　スイス

　　④　アイスランド

　　⑤　ブータン

　　⑥　日本

Q₁₁　日本以外の五つの国が，57年間戦争しなかったのは，どんな理由があるでしょう。

Q₁₂　日本は，明治以来，さかんに戦争してきました。ところが，第2次世界大戦後は，一度も戦争していないのは，どうしてでしょう。

地図 A

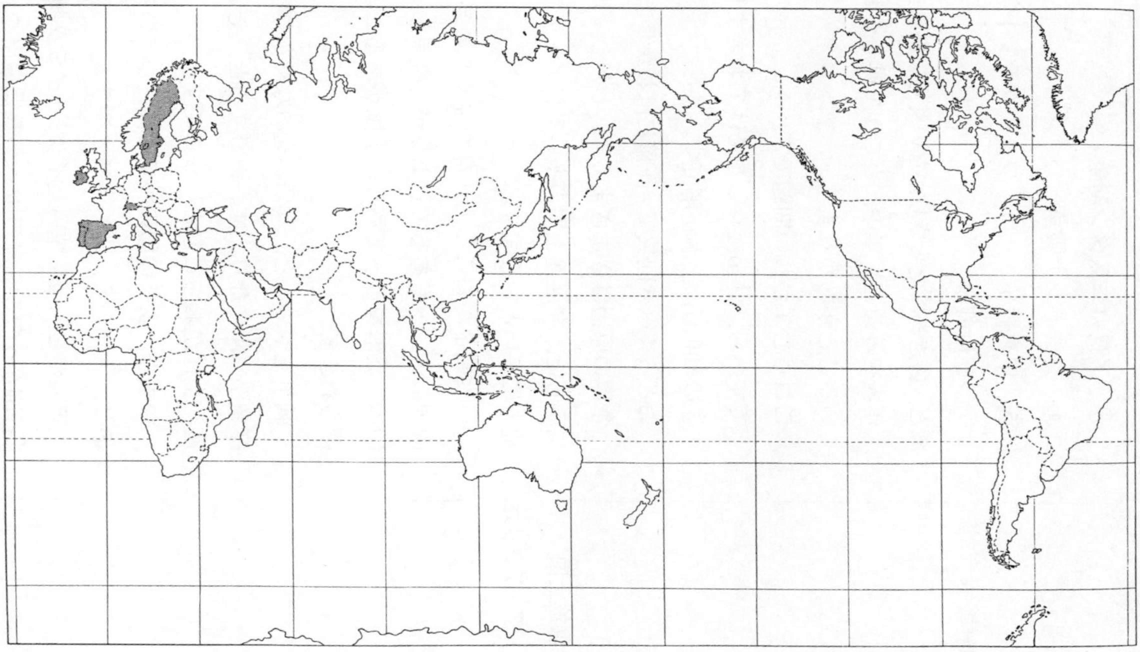

地図 B

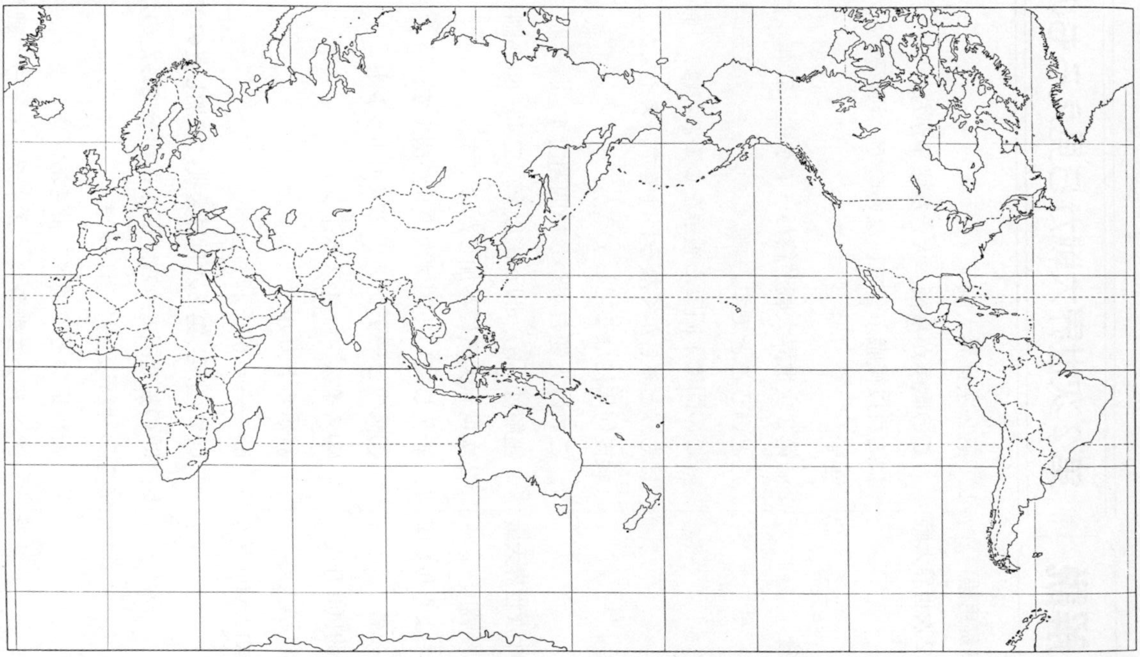

| | 解説 | 第2次世界大戦から見えるもの |

〈基礎用語〉

**第2次世界大戦**

**1. 第2次世界大戦**

　この戦争から後，大きな戦争がないし，日本はこれ以後戦争していないので，「戦後」といいます。

**戦後**

**2.** 第2次世界大戦が終わってから「57年」たったということです。

　この間に1回でも戦争をしておれば，「戦後」はもっとみじかくなるわけです。スイスなどは，戦後何年になるでしょうか。

**3.** これは大変むずかしい問題です。

**第1次世界大戦**

・参戦国
　およそ40か国

・死者
　約900万人

・けが人
　約2,000万人

　正解は「①　60か国以上」です。60か国が第2次世界大戦に参加したのです。

**4.** 着色している国は次の5か国です。

　　①スウェーデン　　②アイルランド

　　③スイス　　④スペイン

　　⑤ポルトガル

**5.** 65 − 5 ＝ 60

　　60か国が，第2次世界大戦に参加したのです。

**6.** 65の独立国のうち，60か国が参加したのだから，「世界大戦」といえます。

**7.** 資料集などで調べて書きあげましょう。

　　①ベトナム戦争　　②イラン・イラク戦争

　　③　アフガニスタン紛争

　　④　インドシナ戦争

　　⑤　中東戦争　　　⑥　フォークランド紛争

**朝鮮戦争**

　　⑦　朝鮮戦争

など，書きあげたらきりがないくらいあります。

　年表をみると，年中，どこかで戦争がおこっていることがわかります。

**8.** これもむずかしい問題です。

　ですから，せんたくしをあげておきました。

　⑤の300回以上が正解です。

　おどろくべき回数で，正確にはわかりません。

　争いの原因はさまざまです。しかし，地域的にみると，発展途上国の多いアジア・アフリカ地方に多いといえます。

**発展途上国**

**アジア・アフリカ**

　一度戦争がおこると，なかなかやめません。両国のメンツもあるでしょうが，戦争している国へ，兵器をうってもうける国があることもあげられます。

　戦争をやめると，兵器が売れなくなり，兵器産業が斜陽になります。そうすると，その国の産業全体がおちこむというのです。

　つまり，よその国の戦争で商売している国があり，人がいる，ということです。

　ですから，長く続いたイラン・イラク戦争で，「各国がイラン・イラクへの兵器輸出を管理す

る一致した行動をとれば，戦争はとうの昔に終わっていたに違いない」(朝日新聞・天声人語，昭和61年12月7日)ということがいわれたのです。

9．けんとうのつきにくい問題です。

　　正解は「① 10か国以下」です。

　　あっとおどろきますね。ものすごく少ないのです。

10．これを地図に書きこんでみると，おもしろいことに気づくでしょう。

　　「戦後57年」といえるのは，この6か国だけです。191か国もあるのに。

　　いかに，人間は争う動物かということがわかります。いかに戦争が多いか見えてきます。2001年には，アフガニスタンをアメリカが攻撃しました。テロをうけた反撃です。イスラエルとパレスチナも戦争とテロをくりかえしています。平和を守ることはいかにむずかしいかということがわかります。

11．スウェーデン

　　フィンランド

　　この2か国は，くっついています。

　　これらの国は，ロシアに近い。ロシアとうまくいかなかったら，戦争になったら，相手は大国だから大変です。

　　ロシアと仲よくしていると，ロシアと反対の国々からせめられるおそれがあります。

　　だから，ロシアとアメリカの両方の国と仲よくしてバランスをとっているのでしょう。

　　中立国でないと，自分の国が立っていけないのです。

　　スイスとスウェーデンは，長い間戦争していません。ですから，戦後がながいです。

12．日本が戦争をしてないことは，すばらしいことです。

　　これは，日本国憲法の前文と第9条に，「戦争をしない」ときめているからです。

　　ですから，わたしたちは，この平和憲法を守って，いつまでも平和でいられるようにしたいものです。

　　しかし，憲法第9条の解釈をめぐって意見がわかれています。

| 9～12問できた人 | A級 |
| 5～8問できた人 | B級 |
| 4問以下の人 | C級 |

※この教材を最初に開発したのは千葉経済短期大学の佐久間勝彦氏です。これをもとにしてクイズ形式にしたものです。

ロシア
アメリカ
日本国憲法
第9条

㉔ 問題　駅弁包装紙から何が見えるか

Q₁　(A)(B)(C) 3枚のイラストは，何を表わしているでしょう。

Q₂　3枚のイラストを時代順に並べなさい。

Q₃　「御辨當」は何と読むのでしょう。

　　「五目飯」は読めるでしょうから，これをもとに，「御辨當」を読みましょう。

Q₄　(A)は，鳥のようなものが，三つのマークをつけ，オリーブの葉をくわえて飛んでいるようだが，一体何を表わしているのでしょう。

Q₅　「国民精神総動員」というのは，どういうことでしょう。

Q₆　(A)のイラストは，何を表わしているといえますか。

Q₇　(B)は銃を持った兵隊が立っています。どこを攻めようとしているのでしょう。

Q₈　(B)には，ギザギザの建物のようなものが見えますが，これは何でしょう。

Q₉　(B)のイラストは，何を表わしているといえますか。

Q₁₀　日中戦争から，どうしてアメリカやイギリスと対立するようになったのでしょう。

Q₁₁　(C)の「敵は我が本土を狙っている備えはよいか！」という「敵」とはどこの国ですか。

Q₁₂　丸のまわりにトンボのようなものが飛んでいますが，これは何でしょう。

Q₁₃　(A)(B)(C)とも「三十銭」ですが，(C)の面積が半分になっています。これはどうしてでしょう。

Q₁₄　三十銭というのは，今のお金にするといくらくらいでしょう。

Q₁₅　3枚のイラストから，どんなことが見えますか。

Q₁₆　日本は，1945年（昭和20年），2つの大きなできごとで，長い間行われた戦争を終結することになりました。

　　この2つの大きなできごととは，どんなことでしょう。

**軍事費予算の推移**
粗国民支出・全政府支出純計と軍事費

|  | 粗国民支出 | 全政府支出純計 | 軍事費 |
|---|---|---|---|
|  | 百万円 | 百万円 | 百万円 |
| 1930 | 14,671 | 5,578 | 444 |
| 31 | 13,309 | 4,967 | 462 |
| 32 | 13,660 | 5,904 | 705 |
| 33 | 15,347 | 7,343 | 886 |
| 34 | 16,966 | 7,788 | 953 |
| 35 | 18,298 | 7,881 | 1,043 |
| 36 | 19,324 | 11,131 | 1,089 |
| 37 | 22,823 | 12,837 | 2,920 |
| 38 | 26,394 | 18,297 | 4,310 |
| 39 | 31,230 | 17,962 | 5,250 |
| 40 | 36,851 (39,396) | 22,383 | 6,686 |
| 41 | (44,896) | 31,810 | 9,838 |
| 42 | (54,384) | 48,439 | 14,483 |
| 43 | (63,824) | 70,286 | 21,395 |
| 44 | (74,503) | 96,241 | 33,260 |
| 45 | ( … ) | 111,654 | 22,243 |

　粗国民支出は大川一司他『長期経済統計1　国民所得』，暦年。その他は江見康一・塩野谷祐一『長期経済統計7　財政支出』，会計年度。1940年以降粗国民支出（　）内は『国民所得白書』（昭和40年版）旧推計。軍事費は内地分のみ。全政府支出純計は臨軍費内地分を含む。

『日本の歴史〈高校日本史〉』（NHKテキスト，昭和60年度版，p. 164)

**(A)**

御辨當

金三十錢

國民精神總動員

**(B)**

御辨當 金三十弐

神尾

**(C)**

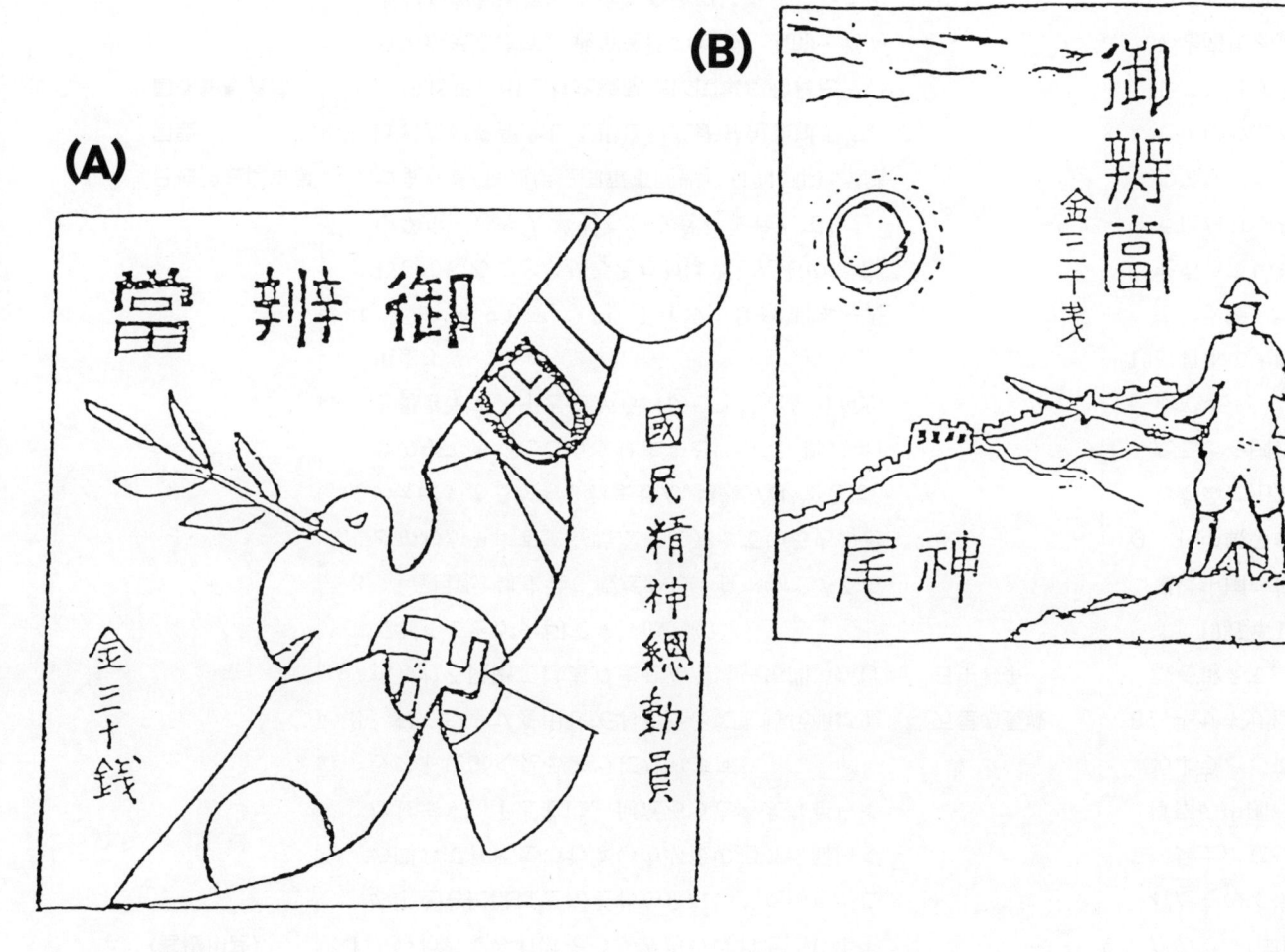

飯日五

敵は我が本土を狙つて居る
備へはよいか！
⊕ 金三十錢

イラストは防府市の
安村竹史氏からいただいた。

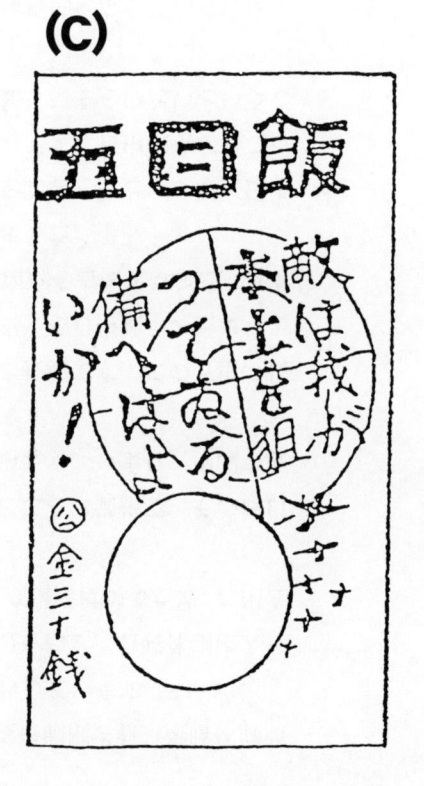

| | |
|---|---|

## 解説　駅弁包装紙から見えるもの

〈基礎用語〉

1．いわれてみればそうかと思うけれど，6年生の子どもにはほとんどわからない。だから，この問いで答えをいわない方が後の追究が面白くなります。子どもは，何だろうと考えながらイラストをよく見るようになります。

2．軽くジャブを出しておく。とても時代順に並べられる段階ではありませんが，一応問いかけておくことが大切です。(B)(A)(C)

3．「五目飯」はまぜご飯だから，食べ物であることがわかります。昼時などに売っているものといえば読めるかもしれません。読めないときは，今の字で書くとこうなりますといって「御弁当」と書きます。子どもから「あっ！」という声が出ます。

日独伊三国軍事
同盟
国家総動員法

4．「＋」イタリア，「卍」ドイツ，「〇」日本を表わしていることが読みとれれば大したものです。中学生，いや大学生も読みきれませんでした。つまり，「日独伊三国軍事同盟」(1940年) が結ばれたのを記念して出された駅弁包装紙です。

5．1938年に出された統制法に国家総動員法というのがあります。戦争遂行のため，人的・物的資源を統制運用する権限を政府に委任したもの

万里の長城
日中戦争

で，国民の自由は極度に制限され，戦時体制が強化されたことを表わしています。

6．日独伊三国軍事同盟を結び，戦時体制に入ったので，「国民の戦意高揚をはかるため」に出されたものです。

7．兵士が立っているところは満州で，その銃口は南の中国へ向いています。つまり，中国を攻めようとしているのです。

8．ギザギザは，万里の長城です。この万里の長城を越えて，中国を攻める日中戦争の始まりです。1937年12月には南京を占領するなど，日本軍は中国へ侵略をしました。

9．日中戦争のおこりを記念するというか宣伝するために出されたものです。日中戦争がおこったことを国民に広く知ってもらいたいということです。

10．日本の大陸侵略が積極的になっていくに従って，大陸，つまり中国に利権 (利益を得る権利) をもっているイギリス・アメリカと対立するようになり，それが決定的なものになっていったのです。

　中国政府を屈服させるには，うしろから支援しているイギリスやアメリカと対決するしかないと考えるようになったのです。

11．この場合の敵は，日本を攻めているアメリカ

合衆国です。1944年ごろからアメリカのB29による本土爆撃が激化し，竹槍訓練が行われました。日本は，サイパン島を失い，レイテ島決戦に神風特別攻撃隊が出撃しました。学徒動員令，緊急国民動員令が実施されました。

学徒動員

12. トンボのようなものは，日本を爆撃しているB29です。

13. アメリカ軍が日本本土の爆撃を激化させたのは1944（昭和19）年で，戦争末期です。日本は食糧不足になり，食べ物や衣類などが配給制になりました。当然，駅弁用のご飯も，包装紙も不足しました。このため半分の面積になったのです。

配給制

14. 今の駅弁は，平均1,000円くらいだから，このくらいとみればよいでしょう。

15. 駅弁の包装紙にまで戦争に関することが登場するくらい，日本中が戦時色一色になっていたことがわかります。新聞・雑誌も全く同じように戦時色一色だったようです。

戦時色

16. 2つの大きなできごととは，次のことです。
   ① ソ連が日ソ日中条約を一方的に破棄して，満州に攻めこんできたこと
   ② 原子爆弾を2個落とされたこと

　1945年8月9日，突然，ソ連が日本に宣戦布告をして満州になだれこんできました。日本軍は満州にはほとんどいなかったため総くずれとなりました。

　これは，日本が負ける大きな原因となりました。

　一方，ヤルタ協定によってソ連が対日戦に加わることがせまっているアメリカは，ソ連が極東に勢力拡大することを防ぐため対日戦終結をあせり，8月6日原子爆弾を広島に落とし，20数万人の市民を殺しました。さらに8月9日には長崎にも投下し，7万人をこえる市民を殺しました。

　この2つの大きなできごとで，日本はポツダム宣言を受け入れました。

| | |
|---|---|
| 9問以上できた人 | A級 |
| 5～8問の人 | B級 |
| 4問以下の人 | C級 |

## ㉕ 問題　戦後のくらしから何が見えるか

Q₁　このイラストは，日本のいつごろの様子でしょう。昭和何年頃の様子でしょう。

Q₂　どうしてこのようなひどい状態になったのでしょう。

Q₃　このころは，何もかも不足していましたが，いちばん不足していたのは何でしょう。

Q₄　食料不足のため，人々はどんな工夫をしたでしょう。

Q₅　家を焼かれた人々は，どんな工夫をしたでしょう。

Q₆　戦争で親や兄弟をなくした子どもたちは，どのようにして生活したのでしょう。

Q₇　子どもたちも，いろいろな仕事（手伝い）をしました。どんな仕事をしたでしょう。

Q₈　(A)は，重い荷物を背負っているが，どんな物を背負って家へむかっているのでしょう。

Q₉　(A)を子どもたちがうれしそうにむかえているのは，どうしてでしょう。

Q₁₀　ジープに乗った人は，どんな人でしょう。

Q₁₁　子どもたちが，ジープの方へかけよっているのは，どうしてでしょう。

Q₁₂　こんな状態で，子どもたちは勉強したでしょうか。

Q₁₃　このイラストから，当時のどんなことが見えるでしょう。

Q₁₄　戦争で一般国民の一番苦しかったことはどんなことでしょう。

このことがイラストにみえるでしょうか。

Q₁₅　昭和22年，教室の子どもたちに笑顔がはじけました。どうしてでしょうか。

### 農地改革の実績　　　　　　（単位：町）

| 地区別 | 農 地 改 革 前 (1945.11.23) | | | 農 地 改 革 後 (1950.8.1) | | |
|---|---|---|---|---|---|---|
| | 農 地 総 面 積 | 小作地 面 積 | 小作 地率 | 農 地 総 面 積 | 小 作 地 面 積 | 小作 地率 |
| 総 数 | 5,155,697 | 2,368,233 | % 45.9 | 5,200,430 | 514,724 | % 9.9 |
| 北海道 | 725,887 | 353,603 | 48.7 | 747,786 | 45,806 | 6.1 |
| 東 北 | 813,268 | 391,743 | 48.2 | 821,791 | 68,430 | 8.3 |
| 関 東 | 873,961 | 442,064 | 50.6 | 881,501 | 107,551 | 12.2 |
| 北 陸 | 425,889 | 208,689 | 49.0 | 424,962 | 38,692 | 9.1 |
| 東 山 | 297,791 | 129,758 | 43.6 | 299,377 | 30,808 | 10.3 |
| 東 海 | 342,891 | 138,737 | 40.5 | 345,575 | 42,711 | 12.4 |
| 近 畿 | 352,315 | 158,310 | 44.9 | 351,532 | 46,896 | 13.3 |
| 中 国 | 397,635 | 160,331 | 40.3 | 399,659 | 39,247 | 9.8 |
| 四 国 | 220,462 | 95,991 | 43.5 | 219,425 | 21,804 | 9.9 |
| 九 州 | 705,597 | 289,008 | 41.0 | 708,822 | 72,779 | 10.3 |
| 府県計 | 4,429,810 | 2,014,630 | 45.5 | 4,452,645 | 468,918 | 10.6 |

『日本の歴史〈高校日本史〉』（NHKテキスト，昭和60年度版，p.170）

(A)

| | |
|---|---|
| **解説** | ## 戦後のくらしから見えるもの |

〈基礎用語〉

太平洋戦争

1. 第2次世界大戦（太平洋戦争）直後の様子。昭和20年〜21年頃の様子といえるでしょう。

空襲

2. たび重なるアメリカ軍の空襲によって，大都市だけでなく，地方都市まで家を焼かれ，人々の命が奪われました。戦争の悲惨さを物語っています。空襲を受けたところは，世界中こんな状態になっているでしょう。

   アメリカ軍は，夜工場をねらって爆撃していましたが，後に焼夷弾を使って都市を焼きはらうようになりました。1945年3月10日の東京大空襲では，B29によって東京は焼かれ，10万人の犠牲者が出ました。東京のほか66もの都市が爆撃され，多くの被害を受けました。

3. すべての物が不足していましたが，とくに食料不足がいちばんの問題でした。イラストにもあるように，やみ市がはやり，農村への買い出

買い出し

   しがさかんに行われました。列車は，買い出しの人でいっぱいでした。

4. 食料不足のため，着る物と食料を交換したり，空き地で野菜をつくったりして，少しでも食料を手に入れようとしました。配給されるはずの食料はいつも不足して，長時間並んでわずかな

連合国総司令部（GHQ）

食料をもらったりしました。

防空ごう

5. 家を焼かれた人々は，焼け残りの木材などを集めて，バラック（そまつな仮小屋）を建てたり，古いバスや防空ごうなどを利用してくらしていました。

戦災孤児

6. 戦災孤児（戦争で親や兄弟をなくした子ども）は，新聞やたばこを売ったり，くつみがきをしたりしてくらしていました。

7. 子どもたちは，畑仕事の手伝いをしたり，水くみや子守り，たきぎひろいなど，いろいろな仕事をし，貴重な働き手でした。

8. (A)は，農村へ食料の買い出しに行ったようで，重い荷物を背負って帰っています。お金の価値がなくなり，着物などのモノと食料を交換することが多かったのです。

   食料不足は農村にも及んでいたので，食料入手は大変で，入手できず栄養失調でなくなる人もいました。

9. 食べ物を持って帰ってくる父や母を，この上なくうれしくむかえました。子どもたちもお腹をすかせていたのです。

10. ジープに乗った人は，占領軍で，日本は連合国総司令部（GHQ）の指示を受け，民主化に取り組みました。田舎にまで占領軍がおとずれ，子ども心にこわかったのを今でも覚えています。

占領軍

11. 子どもたちが、こわがりもせずジープにかけよっているのは、占領軍兵士が持っているガムやチョコレートをもらうためです。こわさより、食べ物を入手することの方が先だったのです。それほど食料不足でした。ガムやチョコは子どもにとって魅力的だったことも大きいでしょう。

12. 空腹にも負けず、当時の子どもたちは青空教室（教室が焼けて、ないため）で勉強しました。つまり、木かげなどで勉強したのです。恵まれた環境になっている今の方が勉強に力が入らないのは、おかしいですね。

13. 戦争がいかに悲惨なものであるかが見えます。兵士だけでなく一般の人々、お年寄りや子どもまでおかまいなしに苦しめます。

　　空襲でやられたということは、「空を制するものが勝つ」ということが見えてきます。日本は制空権を失って敗戦に及びました。今の戦争でもこのことはいえます。

14. とにかく、何が苦しかったかといえば、常に空腹だったことです。食べ物がなかったことです。

　　戦争は、国民すべてをうえさせるものだといえそうです。

　　食べられるものは何でも食べました。学校の運動場も掘り起こされて、にわか畑となり、いもやかぼちゃなどを作りました。

　　イラストをみても、わずかのすき間、あき地を耕して畑にしていることがわかります。

　　やはり、戦争はこりごりです。

15. 1947（昭和22）年、東京の学校で学校給食が始まりました。給食が始まると子どもたちに笑顔がはじけました。はじめは、みそ汁だけの給食だったのに。それほど食べ物がなく、空腹だったということです。

| | |
|---|---|
| 9問以上できた人 | A級 |
| 5〜8問の人 | B級 |
| 4問以下の人 | C級 |

# 付録

# ① 都道府県名を調べよう

1. 都道府県名を地図帳で調べて書きましょう。

2. 地図帳を見ないで，都道府県名を書けるようになりましょう。

3. 県名を覚えたら，県庁所在地名を1から順に書いてみましょう。

4. 都道府県名と県庁所在地を1〜47まで書いてみましょう。

| | | |
|---|---|---|
| 1 | 20 | 40 |
| 2 | 21 | 41 |
| 3 | 22 | 42 |
| 4 | 23 | 43 |
| 5 | 24 | 44 |
| 6 | 25 | 45 |
| 7 | 26 | 46 |
| 8 | 27 | 47 |
| 9 | 28 | |
| 10 | 29 | |
| 11 | 30 | |
| 12 | 31 | |
| 13 | 32 | |
| 14 | 33 | |
| 15 | 34 | |
| 16 | 35 | |
| 17 | 36 | |
| 18 | 37 | |
| 19 | 38 | |
| | 39 | |

## 2 県の形を調べよう

1. 日本を八つの地域に分けて、地域ごとに都道府県を出しています。番号の都道府県名と都道府県庁の所在地名を調べて書きなさい。なお●は都道府県庁の所在地を表わしています。
2. それぞれの都道府県は、どんな形をしているといえますか。
3. 地図をコピーして画用紙などにはりつけて切りぬき、地域がわかるように並べましょう。日本中47を並べてみましょう。
4. 都道府県の大きさも比べてみましょう。

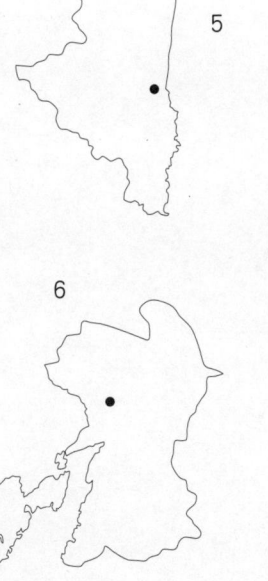

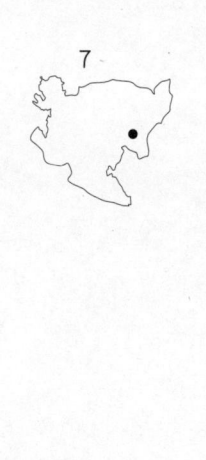

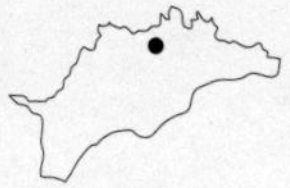

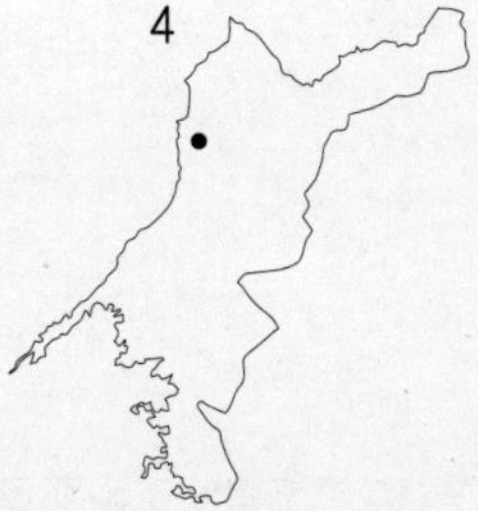

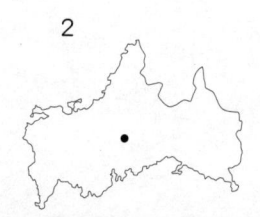

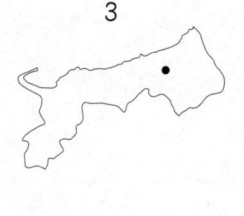

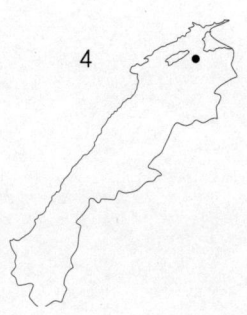

1

2

3

5

4

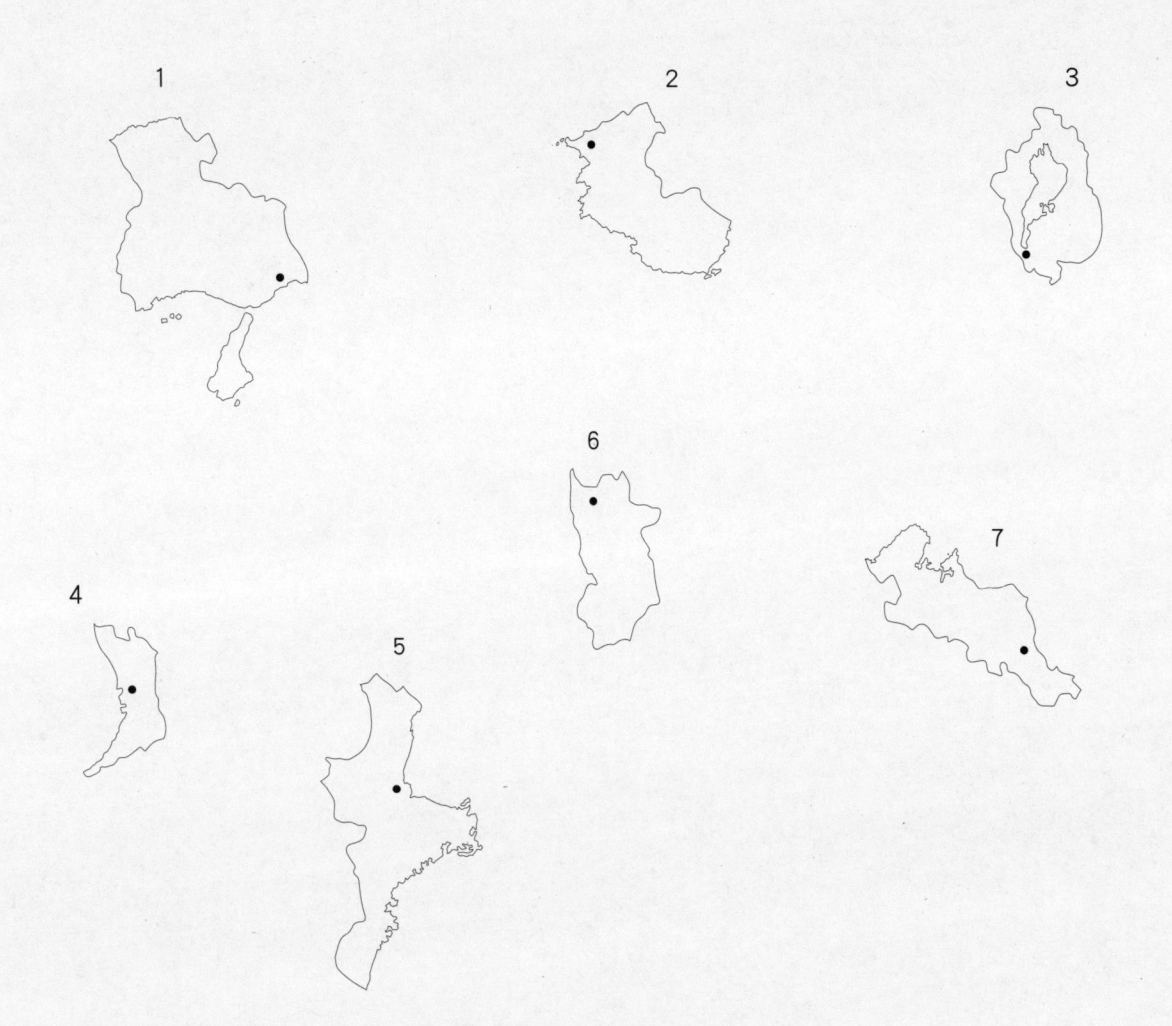

— 124 —

1
2
3
4
5
6
7
8
9

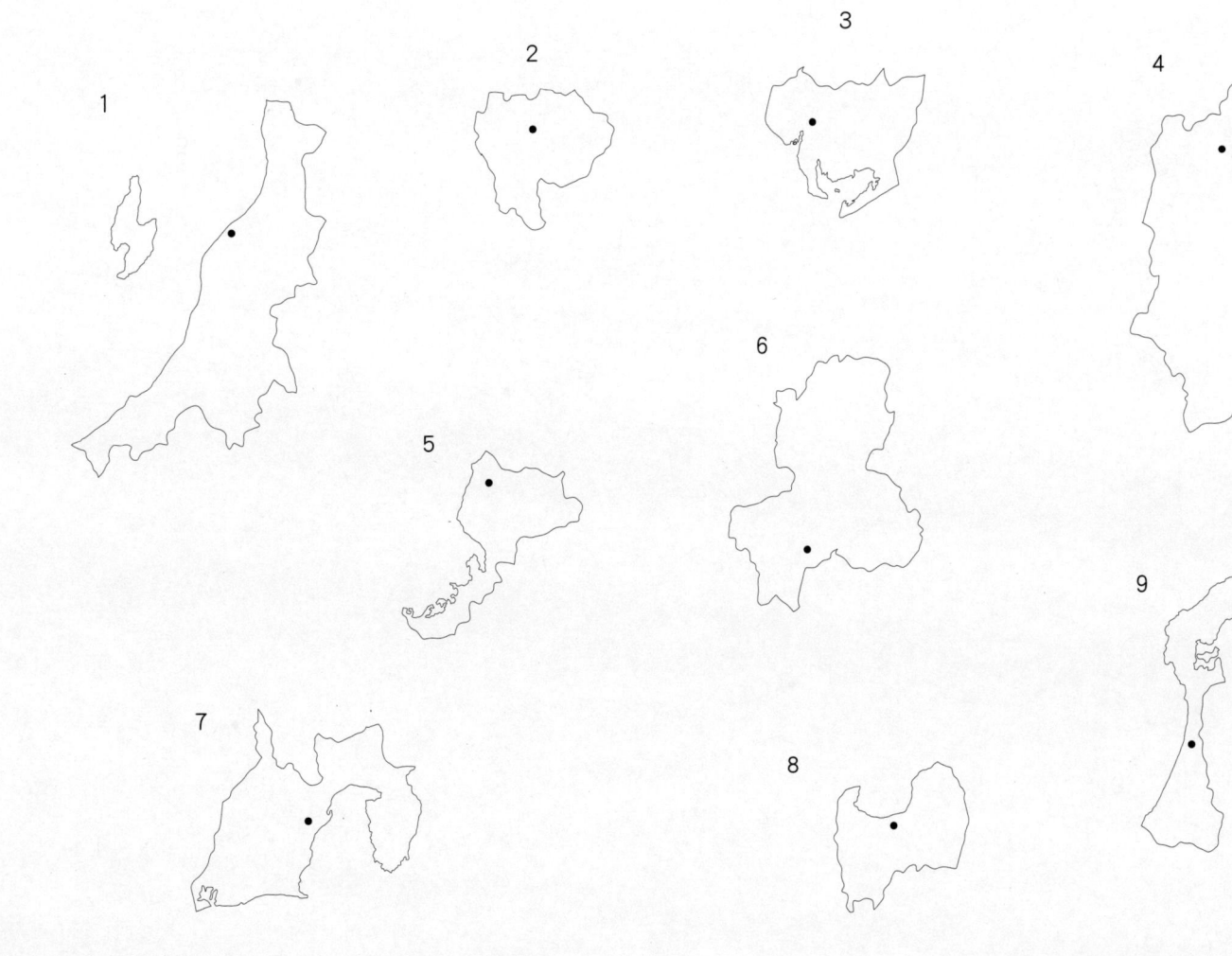

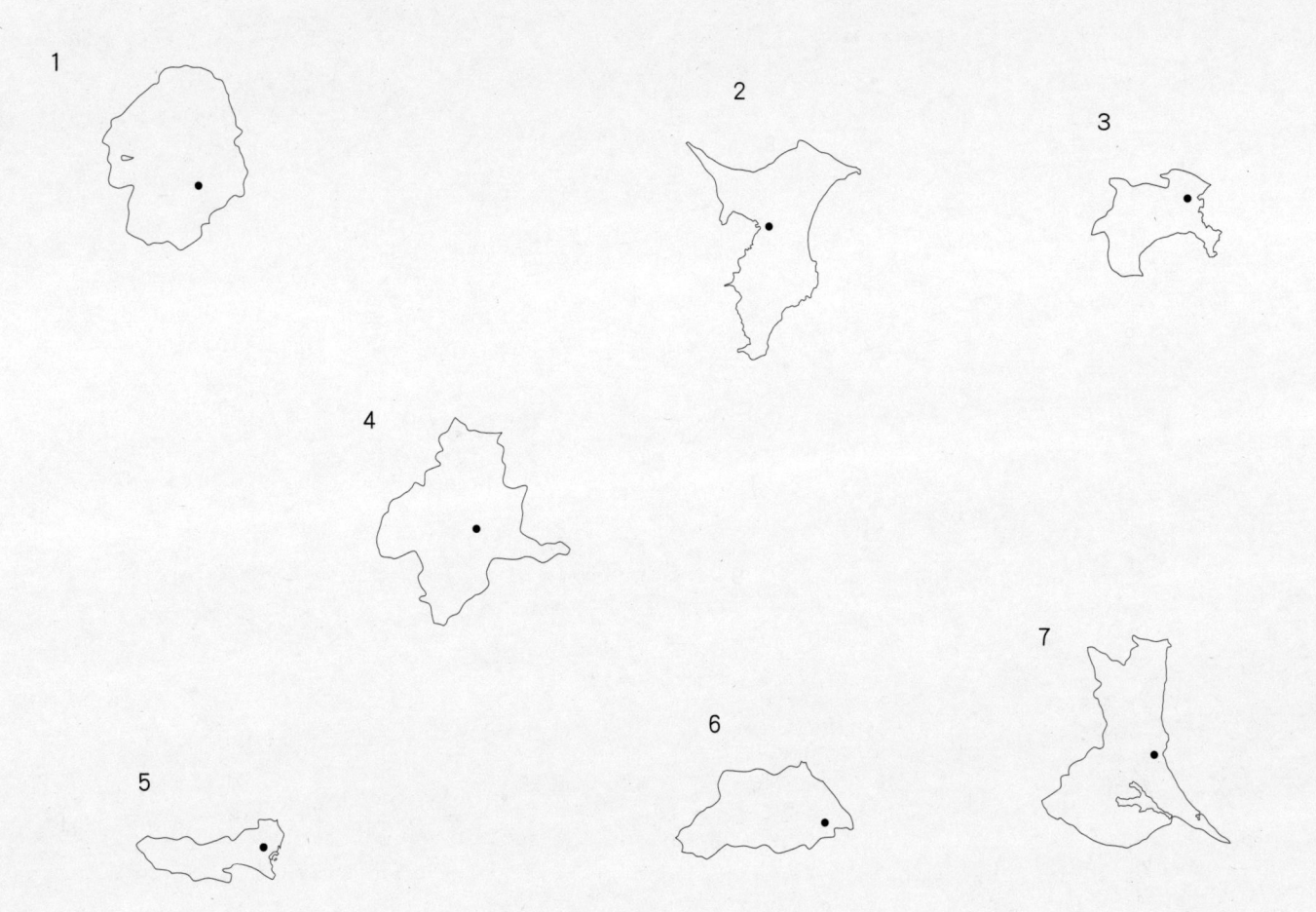

1           2           3

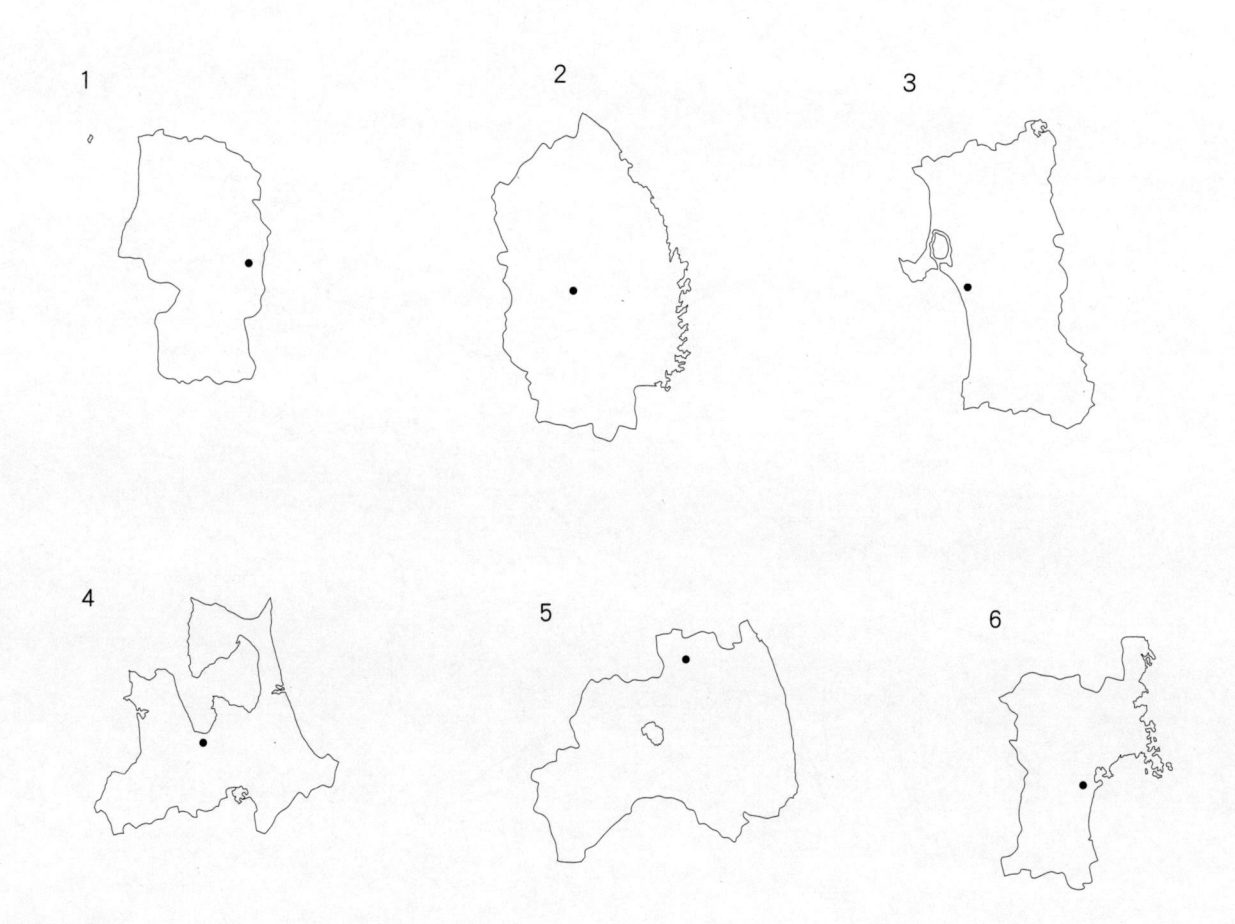

4           5           6

## 【主要著書一覧】

1973年　「市や町のしごと＝ごみの学習」国土社

1976年　「みみずく学級」国土社

1979年　「学校の門を開いて」国土社

1982年　「子どもの生きる社会科授業の創造」明治図書

1983年　「社会が好きになる教え方」明治図書

1984年　「学習意欲の高め方」明治図書

1985年　「学級づくりと社会科授業の改造」（低学年）明治図書

　　　　「学級づくりと社会科授業の改造」（中学年）明治図書

　　　　「学級づくりと社会科授業の改造」（高学年）明治図書

　　　　「社会科の活性化―教室に熱気を！」明治図書

1986年　「子どもの『見る』目を育てる」国土社

1987年　社会科「わたしが生まれてから」「ポストづくり」明治図書

　　　　社会科「一寸法師」「台風とさとうきび」明治図書

　　　　「授業のネタ・社会3」日本書籍

　　　　「社会科授業常識への挑戦」明治図書

　　　　「実践・社会科授業常識への挑戦」明治図書

　　　　「教材発掘の基礎技術」明治図書

1988年　「社会科発問の定石化」明治図書

　　　　「楽しい教室づくり入門」明治図書

　　　　「『ネタ』開発ノウハウ」明治図書

　　　　「『ネタ』を生かす授業づくり」明治図書

　　　　社会科「バスの運転手」明治図書

　　　　「授業のネタ・社会科1」日本書籍

　　　　「授業のネタ・社会科2」日本書籍

1989年　「追究の鬼を育てる」明治図書

　　　　「名人への道　社会科教師」日本書籍

　　　　「『はてな？』で育つ子どもたち」図書文化

　　　　「社会科授業に使える面白クイズ①」明治図書

　　　　有田和正著作集「追究の鬼を育てる」全20巻・別冊3巻　明治図書

1990年　「第三次産業・宅配便の授業」明治図書

　　　　「有田式・調べる力を鍛えるワーク」明治図書

　　　　「社会科授業に使える面白クイズ②」明治図書

　　　　「『はてな？』で追究力を育てる」明治図書

1991年　「戦後の授業―子どもの心に変化が起こるネタ開発」明治図書

　　　　「有田式・生活科ワーク」明治図書

　　　　「有田学級で育つ学習技能」明治図書

　　　　「6年生に育てたい学習技能」明治図書

　　　　「ノート指導の技術」明治図書

1992年　「5年生に育てたい学習技能」明治図書

　　　　「4年生に育てたい学習技能」明治図書

　　　　「有田式指導案と授業のネタ」全8巻・別冊3巻　明治図書

1993年　「社会科授業に使える面白クイズ③」明治図書

　　　　「3年生に育てたい学習技能」明治図書

　　　　「2年生に育てたい学習技能」明治図書

　　　　「1年生に育てたい学習技能」明治図書

　　　　「『ユーモア教育』で子どもを変えよう」明治図書

　　　　「『環境問題』の教材開発」明治図書

　　　　「有田学級の『道徳』の授業」明治図書

　　　　「『追究の鬼』を育てる指導技術」明治図書

　　　　「授業に使える面白小話集第1集」明治図書

1994年　「写真で見る生活科授業づくりのテキスト」明治図書

　　　　「『考える子ども』を育てる社会科の学習技能」明治図書

　　　　「教師のどこを見られているか」明治図書

1995年　「『追究の鬼』を育てる学級づくり」明治図書

　　　　「新過程に挑む社会科授業」明治図書

　　　　「子どもを伸ばす教師の知恵QAヒント集」明治図書

　　　　「授業のどこを見られているか」明治図書

1996年　「生活科で育てる『新しい学力』」明治図書

　　　　「教師の実力とは何か」明治図書

　　　　「新・ノート指導の技術」明治図書

　　　　「学習技能を鍛える授業」明治図書

　　　　「環境教育としてのごみ学習」明治図書

　　　　「子どもとつくる総合学習」明治図書

　　　　「一年生の成長記録」明治図書

1997年　「一年担任の実力と責任」明治図書

|  |  |
|---|---|
|  | 「教育技術は人柄なりや？」明治図書 |
|  | 「授業は布石の連続」明治図書 |
|  | 「社会科教材研究の技術」明治図書 |
|  | 「生活科・教材開発のアイデア」明治図書 |
|  | 「生活科授業づくりの基礎」明治図書 |
|  | 「子どもの生きる授業づくりの技術」教育出版 |
|  | 「社会科授業づくりの技術」教育出版 |
|  | 「生活科授業づくりの技術」教育出版 |
| 1998年 | 「『頭のカルテ』で子どもをとらえる技術」明治図書 |
| 1999年 | 〈21世紀授業改革への提言〉 |
|  | 「社会科授業の転換を図る」明治図書 |
|  | 「『生きる力』を育む社会科授業」明治図書 |
|  | 「21世紀の学力・学習技能」明治図書 |
|  | 「生活科から総合学習へ」明治図書 |
|  | 「新しい学級づくりの技術」明治図書 |
|  | 「教師の生きがいと学び方」明治図書 |
|  | 「21授業のネタ　有田生活科」日本書籍 |
|  | 「21授業のネタ　有田社会・中学年」日本書籍 |
|  | 「21授業のネタ　有田社会・高学年」日本書籍 |
|  | 「このユーモアが『明るい子』を育てる」企画室 |
|  | 「有田式総合的学習のネタQAヒント集」明治図書 |
| 2000年 | 「総合的学習に必須の学習技能」明治図書 |
|  | 「『はてな？』で総合的学習を創る先生」図書文化 |
|  | 「総合的学習のための子どもの目線に立つ教材開発」健学社 |
|  | 「総合的学習のための子どもウォッチング術」明治図書 |
| 2001年 | 「総合的学習で求められる教材開発力」明治図書 |
|  | 「総合的学習の布石の打ち方」明治図書 |
| 2002年 | 「社会科到達目標と授業改革　3～4年編」明治図書 |
|  | 「社会科到達目標と授業改革　5～6年編」明治図書 |
|  | 「子どもを歴史好きにする面白小話集　上巻」明治図書 |
|  | 「子どもを歴史好きにする面白小話集　下巻」明治図書 |
|  | 「社会科の基礎基本学力をつける調べ考える力を鍛えるワーク」明治図書 |

【著者紹介】

有田　和正（ありた・かずまさ）

1935年　福岡県生まれ。

玉川大学文学部教育学科卒業。

福岡県の公立校，福岡教育大学附属小倉小学校，筑波大学附属小学校を経て愛知教育大学教授。

1999年3月　愛知教育大学定年退官。

現在，教材・授業開発研究所代表，月刊『教材開発』（明治図書）編集長。

---

社会科の基礎・基本学力をつける
調べる力・考える力を鍛えるワーク

| 2002年9月初版刊 | ©著　者 | 有　田　和　正 |
|---|---|---|
| 2021年8月21版刊 | （イラスト） | 飯　島　英　明 |
|  | 発行者 | 藤　原　久　雄 |
|  | 発行所 | 明治図書出版株式会社 |

http://www.meijitosho.co.jp

（企画）樋口雅子（校正）阿波理恵子・木下須美子

〒114-0023　東京都北区滝野川7-46-1
振替00160-5-151318　電話03(5907)6701
ご注文窓口　電話03(5907)6668

＊検印省略　　印刷所　松澤印刷株式会社

本書の無断コピーは，著作権・出版権にふれます。ご注意ください。

Printed in Japan　　　　　　　　ISBN4-18-413812-8

# 教師の仕事365日 ここから始める情報教育 ①
## 知っ得トクする"情報教育"の基礎基本

**堀田龍也・椿原正和 編著**

【B5判・2260円／図書番号0676】

子どもたちに必要な知識や技能を身につけさせるために、教師が「わかる授業」を展開する必要があります。そのためにメディアを利用すること、これを「メディア利用による学習指導」と言います。一方、子どもたち自身の学びかたとして、情報や情報手段を適切に扱う力を身につけさせるために行う学習指導、これを「情報教育」と言います。私たちは、これをきちんと区別しながら、適切にメディアを活用していくことが大切です。

この本を紹介している「入り口」となる授業」を紹介しています。まずは真似してやってみるところから始めて欲しいと願っています。

I これだけは知っておきたい情報教育の基礎基本
II これが情報教育実践だ
III 情報教育は誰にでもできるところの勘どころ

## ② デジタルカメラから始める情報教育の授業

**堀田龍也・笹原克彦 編著**

【B5判・2560円／図書番号0677】

I デジタルカメラを授業で使うとどんないいことがあるの
II 記録性を生かしたデジタルカメラの活用
III デジタルカメラ、ワンポイント上の使い方

## ③ メディアが身近に感じる情報教育の授業

**堀田龍也・中條敏江 編著**

【B5判・2700円／図書番号0678】

I メディアを授業で使うとどんないいことがあるの
II コンピュータで表現しよう
III いろんなメディアを使ってみよう
IV プレゼンテーションをしてみよう

**全3巻！**

**たちまち重版！**

http://www.meijitosho.co.jp
ご注文はインターネットかFAXでお願いします。(24時間OK!)

FAX 048-256-3455

明治図書
〒170-0005 東京都豊島区南大塚2-39-5
営業開発センター TEL 048-256-1175

併記4桁の図書番号（英数字）でホームページでの検索が簡単に行えます。 ＊表示価格は本体価（税別）です。

## 話題の新刊！

### 英語授業改革双書 No.41
**国際理解・異文化学習 パズル&クイズ46選**
文化や地球規模の問題を楽しく学ぼう

山本元子・和田勝明 著
[A5判・2060円]●図書番号7191

地球規模の問題—GLOBAL ISSUES／日本のこと（文化）—外国人にはどう映る／外国のことをもっと知ろう／クイズで学ぼうー―あなたはどのくらい知ってるかな？

### お父さん お母さんの顔の描き方
心が通いあう酒井式で

酒井式描画指導法研究会 札幌支部編
[B5判・1960円]●図書番号727

父の日・母の日に贈る「父の顔」・母の顔」／卒業式・終了式に贈る「父の顔」・母の顔」／お正月に贈る「父の顔」・母の顔」／酒井式と佐藤式の融合法など。

### 社会科教育全書 43
**社会科の基礎・基本**
選択学習の新しい提言

北 俊夫 著
[A5判・1960円]●図書番号4544

新社会科のキーワードは「選ぶ」・選択学習」だといわれている。その場をどこに置くか、授業でどういう配慮が必要なのか、実践事例を入れ解説。

### TOSS小事典シリーズ
**教務主任 365日の法則**

舘野健三 編
[A5判・1400円]●図書番号1029

スタンバイ新年度／1学期のポイントをはずさない教務主任の仕事の仕方／2学期のポイント／3学期のまとめのポイント／危機管理のチェックポイント教育改革・学校の課題

---

**明治図書**

http://www.meijitosho.co.jp　FAX 048-256-3455　TEL 048-256-1175

ご注文はインターネットかFAXでお願いします。(24時間OK!)

〒170-0005 東京都豊島区南大塚2-39-5　営業開発センター

併記4桁の図書番号（英数字）でホームページでの検索が簡単に行えます。＊表示価格は本体価（税別）です。

## 話題の新刊！

### 関浩和 著
**子どもを創り出す教師のすぐ使える社会科授業法**
- 図書番号 2112
- 1860円
- A5判

ウェッビング法の基本的な視点、分類をふまえて、授業でどうすれば子どもにふるかせることができるか、社会科と総合のさまざまな事例で紹介。

### 松藤司 編著
**TOSS小事典シリーズ 向山型国語入門 Q&A小事典**
- 図書番号 2183
- 1700円
- A5判

初心者が読んでもわかりやすく、最先端の向山型国語の指導方法を網羅。この1冊があれば、向山型国語はバッチリ。

### 宮崎猛 編著
**必ず成功するボランティア・奉仕活動 オール実践ガイド やれば意識は変わる!**
- 図書番号 2104
- 1700円
- A5判

ボランティア＆奉仕活動をめぐるQ&A／先行するアメリカの実践から何を取り入れるか／ボランティア・奉仕活動のモデル／サービスラーニング、他。

### 山口県長門市教育委員会 編
**みすゞの学校と心の教育**
- 図書番号 2030
- 1760円
- A5判

童謡詩人・金子みすゞの生誕地の小中学校での様々な取り組みを紹介。名教科だけでなく、学級経営、交流活動などで"みすゞの心"を活かした実践を積んでいる。

---

**明治図書**

http://www.meijitosho.co.jp

ご注文はインターネットかFAXでお願いします。(24時間OK!)

FAX 048-256-3455

営業開発センター　TEL 048-256-1175

〒170-0005 東京都豊島区南大塚2-39-5

併記4桁の図書番号(英数字)でのホームページでの検索が簡単に行えます。 ※表示価格は本体価(税別)です。

## 話題の新刊！

### 酒井臣吾・酒井式描画法 北陸支部 著
図書番号 7761 B5判 2200円

昔話のどの場面を選ぶか―あの酒井臣吾をはじめとした著者陣が、「おむすびころりん」など誰でも知っている昔話の描かせ方を紹介。

### TOSS相模原 著
図書番号 1336 A5判 2000円

#### 楽しいクラスづくり フレッシュ文庫 96
#### 荒れた学級にしたくない人が読む本

荒れない学級のための予防線、子どもにはこうはる予防線、各月の危機、月別対処法などどもとの関係をつくるノウハウを具体で伝授。

### 有馬俊次 監修／ミュージックテクノロジー教育セミナーin九州 著
図書番号 7811 B5判 2360円

#### 音楽教師とIT技術
実力UPの授業ポイント
―手口をなォ付！ミュージックテクノロジー活用編―

ミュージックテクノロジーへの息吹、あなたもすぐ活用できるMT、MTで音楽の授業・音楽活動がもっと熱くなる、お耳拝借情報他。

### 高浦勝義 著
図書番号 2001 A5判 1960円

#### 問題解決評価
―テスト中心からポートフォリオ活用へ―

教育評価の意義をねらい、教育効果の判定に向けて、指導と評価の一体化に向けた評価の展開、自己学習力の向上に向けた評価他。

---

http://www.meijitosho.co.jp　FAX 048-256-3455 (24時間OK！)　営業開発センター　TEL 048-256-1175

〒170-0005　東京都豊島区南大塚2-39-5　**明治図書**

ご注文はインターネットかFAXでお願いします。＊表示価格は本体価（税別）です。

併記4桁の図書番号（英数字）でホームページでの検索が簡単に行えます。

## 総合で育てる学力ストラテジー

藤井千春 著

子どもたちに自分の学びの物語を生み出させる

図書番号 0602
藤井千春 著
A5判
216
2000円

ニセモノ・ミセカケの総合を"敵と認識"しなければならないとする著者は、現況を打開するには「総合の学力」をどう構築するか一提言。

## 総合で育てる総合学習

総合的学習への挑戦 21
寺本潔・山田綾 編著

図書番号 1050
寺本潔・山田綾 編著
A5判
216
2000円

## エネルギーを軸にした総合学習

エネルギーは地球全域にわたる問題を学べるユニークなテーマであるという問題意識にたった教材開発と、それをどう授業化するか提言。

## 川のプロジェクト総合学習

総合的学習への挑戦 20
寺本潔・佐藤政臣・内藤裕子 共著

図書番号 1030
寺本潔・佐藤政臣・内藤裕子 共著
A5判
176
2000円

川を識る、川を活かすパートー中部地方・庄内川のケース、九州地方・川辺川のケース、東北地方・阿武隈川のケース、川プロ学習の道具箱など。

## ライフスキル・ワークショップ

Life Skills Workshop
割田剛雄 著

生きる力をつけるライフスキルの技術を習得するには、どういうエクササイズがあるのか、すぐ使えるさまざまな具体例を紹介する快心作。

**話題の新刊!**

明治図書
http://www.meijitosho.co.jp
ご注文はインターネットかFAXでお願いします。(24時間OK!)

FAX 048-256-3455

〒170-0005
東京都豊島区南大塚2-39-5
営業開発センター　TEL 048-256-1175

併記4桁の図書番号(英数字)でのホームページでの検索が簡単に行えます。 *表示価格は本体価(税別)です。